GUNHILD BECKER

ERLEBNISREISEFÜHRER

Sylt

mit Kindern

Mit umfangreichen Informationen und wertvollen Tipps für Familien

ISENSEE VERLAG - OLDENBURG

Die Autorin

Gunhild Becker, Jahrgang 1974 und in Dortmund aufgewachsen, verbringt seit ihrer frühsten Kindheit regelmäßig mehrere Wochen im Jahr auf Sylt. Seit 2006 lebt die promovierte Juristin mit ihrer Familie in Lüneburg und arbeitet dort als Richterin am Verwaltungsgericht sowie als freie Autorin.

Schreiben Sie Ihr: Anmerkungen, Ergänzungen, Lob und Kritik gerne per E-Mail an:
SyltmitKindern@web.de

Hinweise

Alle genannten Kosten- und Preisangaben beziehen sich auf den Stand März 2013; spätere Veränderungen können nicht ausgeschlossen werden. Soweit nichts anderes angegeben, beziehen sich die Angaben auf eine Person (Erwachsener oder Kind). Die hinter den Adressangaben befindlichen bunten Quadrate in eckigen Klammern dienen der örtlichen Orientierung. Sie beziehen sich auf die jeweiligen Orte der Insel, die auf der Karte (s. S. 90) des Buches abgebildet sind (z. B. [■] für Westerland).

Bildnachweise:

Adler-Schiffe (53), Bowling-Center (43, 44), Fußballschule Rummenigge (40), Gunhild Becker (6, 7, 8, 9, 10, 15, 19, 20, 21, 22/23, 24, 25, 26, 27, 28, 29, 30, 31, 32, 35, 42, 43, 45, 46, 51, 52, 55, 56, 57, 58, 59, 60, 64, 70, 71, 75, 76, 77, 78, 80, 81, 82, 83, 84, 85, 88), ISTS (38, 39, 48, 54, 62, 63, 67, 72 u.), Kiteschule Sylt (37), Kurverwaltung List (18, 73), Lucky´s Bowling-Center (43, 44), Matthias Poppek (72), Restaurant Jörg Müller (61, 62), Restaurant Wonnemeyer (79), Schutzsstation Wattenmeer (69), Stepmap.de (12, 90), Sunset Beach (36), Sylt Aquarium (50), Sylter Welle (33, 34), Tennisclub Westerland (40), Tourismus-Service Kampen (63 M., 85 u., 86), Youksakka Bow and Funcompany (47).

Top 10 (nach Nrn. der Bilder):

S. 7: ISTS (1, 2, 9), Tourismus-Service Kampen (3), Gunhild Becker (4), Kurverwaltung List (7), Restaurant Jörg Müller (10); S. 8: Sylt Aquarium (1), Gunhild Becker (2, 4, 5, 7), ISTS (3), Lucky´s Bowling-Center (10); S. 9: Gunhild Becker (1, 2, 7, 8, 10), Kurverwaltung List (3), ISTS (6).

Umschlag (jeweils von oben nach unten):

Vorne: Gunhild Becker, Fußballschule Rummenigge, Gunhild Becker, Sylt Aquarium, Gunhild Becker (2x), ISTS, Sunset Beach, ISTS.

Hinten: ISTS, Gunhild Becker, Youksakka Bow and Funcompany, ISTS (3x), Gunhild Becker (3x), ISTS.

Bibliografische Information Der Deutschen Bibliothek

Die Deutsche Nationalbibliothek verzeichnet diese Publikation in der Deutschen Nationalbibliografie; detaillierte bibliografische Daten sind im Internet über http://dnb.d-nb.de abrufbar.

ISBN 978-3-89995-971-0

Gedruckt bei Isensee in Oldenburg

INHALTSVERZEICHNIS

Grüne Recken vor dem Westerländer Bahnhof

TOP-10

VERANSTALTUNGEN IM JAHRESVERLAUF

1. Neujahrsbaden (S. 62)
2. Biikebrennen (S. 63)
3. Ostereierlauf und Osterfeuer (S. 63)
4. InselCircus (S. 69 ff.)
5. Kinderuni (S. 64)
6. Sommerliche Dorf- und Hafenfeste (S. 63)
7. Fun Beach, Kinder-Strandolympiade und Strandanimation (S. 64)
8. Mittsommernachts-wandern (S. 68)
9. Mittelalter- und Herbstmarkt (S. 66 f.)
10. Weihnachtsmärkte (S. 61 f.)

TOP-10

FÜR REGENTAGE

1. Aquarium (S. 50 f.)
2. Erlebniszentrum Naturgewalten (S. 51 f.)
3. Sylter Welle (S. 32 ff.)
4. InselCircus (S. 69 ff.)
5. Villa Kunterbunt, Confetti und Kamp´ino Kinderclub (S. 83 ff.)
6. Schutzstation Wattenmeer und Naturzentrum (S. 56 f.)
7. Altfriesisches Haus und Heimatmuseum (S. 58 f.)
8. Schokoladenseminar (S. 66)
9. Bernsteinschleifen (S. 69)
10. Bowling (S. 43 f.)

1

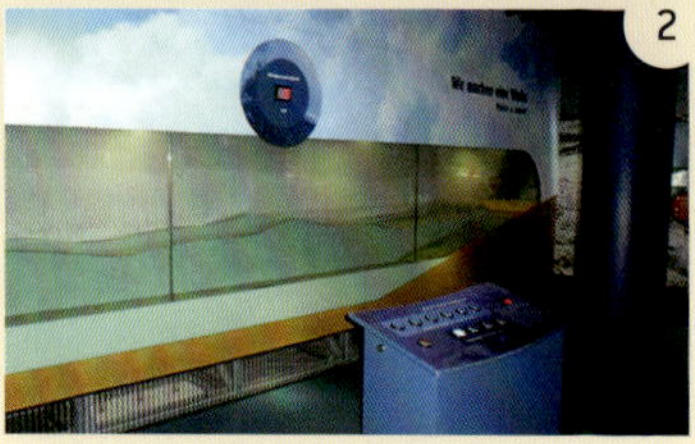
2

3

4

5

10

7

TOP-10

FÜR LOW-BUDGET

1. Schutzstation Wattenmeer und Naturschutzzentrum Braderup (S. 56 f.)
2. Hafen List (S. 55)
3. Fun Beach (S. 64)
4. Kindernachmittage am Strand in Wenningstedt (S. 71)
5. Strandanimation und Kinder-Strandolympiade in List (S. 73)
6. Wattwanderungen (S. 48)
7. Feuerwehrmuseum (S. 56)
8. Eidum Vogelkoje (S. 60)
9. Catan-Mobil (S. 64)
10. Trampolinspringen in Westerland (S. 45)

1

2

5

6

7

10

8

2150

I. Einführung

1. Über die Insel und über dieses Buch

Es gibt wohl kaum eine deutsche Insel, über die bereits so viel geschrieben wurde wie über Sylt. Der Grund dafür ist erstaunlich simpel und einleuchtend: Die **unglaubliche Vielfältigkeit**. Diese ist auch die Ursache des Phänomens, dass Sylt von Prominenten und Naturliebhabern, von Aktivurlaubern und Party-Jägern, von Familien und Senioren, Extremsportlern und Wellnessfans, Campern und Gourmets gleichermaßen geschätzt und geliebt wird.

Ein weiterer Aspekt, der in der medialen Darstellung allerdings meistens weniger beachtet wird, ist das **riesige Angebot**, welches die Insel für **Kinder, Jugendliche und Familien** bereithält. Kennen Sie den schönsten Spielplatz der Insel? Oder wussten Sie, dass der Nachwuchs im Sommer nicht nur herrlich am Strand spielen, sondern auch zwischen mehr als 30 speziell auf Kinder und Jugendliche zugeschnittenen Sport- und Freizeitangeboten wählen kann? Oder dass es hier Gastronomiebetriebe gibt, die größere und attraktivere Spielplätze haben als so manche Kommune und wieder andere, in denen Kinder auch während des Essens liebevoll betreut werden? Das Angebot für Kinder ist sogar schon so groß, dass es manchmal schwierig ist, sich einen echten **Überblick** zu verschaffen. Oft sind die Informationen über die jeweiligen Angebote an verschiedenen Stellen verstreut und unterschiedlich gut zugänglich, was teilweise auch mit den komplizierten Verwaltungsstrukturen auf der Insel zu tun hat (s. S. 16 f.).

Und genau da setzt dieser besondere Reiseführer an: Er fasst das große Angebot strukturiert und übersichtlich zusammen, gibt Anregungen und **wertvolle Tipps**. Zahlreiche Fotos vermitteln zudem einen guten Eindruck der Gegebenheiten vor Ort, und Altersempfehlungen sowie Angaben zu den ggf. anfallenden Kosten erleichtern die Planung. Dieses Buch ist dabei als Ideengeber für zu Hause und gleichzeitig als praktischer Begleiter für unterwegs gedacht.

2. Urlaubsplanung

Bei der Planung eines Sylt-Urlaubs mit Kindern sollte man sich zunächst über 3 zentrale Fragen Gedanken machen:

1. Zu welcher (Jahres)Zeit möchten wir auf der Insel Urlaub machen?
2. In welchem Ort möchten wir wohnen?
3. Wie möchten wir übernachten?

Die Antworten auf diese Fragen hängen zunächst von den persönlichen Rahmenbedingungen ab. Insofern ist schon die Wahl des optimalen **Zeitpunkts** kaum pauschal zu beantworten; natürlich hat man im Sommer die größte Chance, möglichst viel Sonne zu tanken. Auch das Angebot an Sport- und Freizeitaktivitäten ist, insbesondere für Kinder und Jugendliche, im Sommer am größten. Damit korrespondieren allerdings auch eine größere Anzahl an Touristen und eine entsprechend größere Nachfrage. Wer es demgegenüber lieber etwas ruhiger mag, kann die Vorzüge der Insel auch im Frühjahr oder Herbst genießen; faktisch hat die Insel zu jeder Jahreszeit ihren besonderen Reiz. Zwischen Anfang Januar und Ostern verfällt Sylt – mit Ausnahme der Tage um das Biikebrennen am 21. Februar (s. S. 63) - allerdings partiell in eine Art Winterschlaf. In dieser Zeit kann das eine oder andere Restaurant auch mal geschlossen und das eine oder andere Ausflugsziel nicht oder nur eingeschränkt geöffnet sein.

Was das **Wetter** angeht, kann man allerdings im Frühjahr, Frühsommer und/oder Herbst teilweise genauso viel Glück (oder Unglück) haben wie im Hochsommer; es gab schon Jahre, in denen im Frühling bzw. Frühsommer mehr Sonne schien als während der ganzen Sommerferien. Ein entscheidender Vorteil des windreichen Meeresklimas ist allerdings, dass sich die Regenwolken meist viel schneller bewegen als im Binnenland. Dies führt dazu, dass selbst bei schlechtem Wetter häufig Regenlücken entstehen. Umgekehrt kann man sich auch morgens bei strahlendem Sonnenschein auf den Weg machen, um mittags von einem Schauer überrascht zu werden. Deshalb gilt in jedem Fall und zu jeder Jahreszeit: Es gibt kein schlechtes Wetter, sondern nur falsche Kleidung.

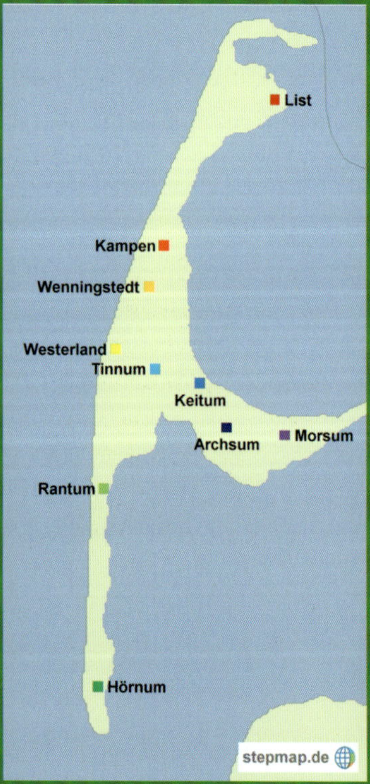

Die Frage, in welchem Ort der Insel man wohnen möchte, hängt wiederum primär mit den persönlichen Vorlieben zusammen. Bevorzugt man möglichst nah am Geschehen oder lieber ruhig und idyllisch zu wohnen? Wer es etwas städtischer mag, findet in Westerland eine gute Ausgangsbasis. Ruhe und dörflichen Charakter bieten besonders Archsum und Morsum, aber auch Keitum, Wenningstedt-Braderup und Tinnum haben ruhige und bezaubernde Ecken. Legt man viel Wert auf die Nähe zu den 2 Meeren, ist Rantum eine gute Wahl, denn dort ist die Insel besonders schmal. Die Nord- und Südlichter – List und Hörnum – sind vor allem von den Häfen geprägt und verfügen über am Wattenmeer gelegene sog. Kinderstrände.

Wer sich für einen Ort entschieden hat, besorgt sich am besten das **Gastgeberverzeichnis** bei der örtlichen Geschäftsstelle (s. S. 16 f. sowie für alle Orte www.sylt.de). Da in den Gastgeberverzeichnissen wenig Angaben zur Kinderfreundlichkeit einer Unterkunft enthalten sind, muss man allerdings im Einzelnen nachfragen, inwieweit die jeweilige Unterkunft auf Kinder eingestellt bzw. besonderes Equipment wie Kinderbett, Hochstuhl, Treppengitter etc. vorhanden ist oder auf Nachfrage gestellt werden kann. Ansonsten gibt es aber auch die Möglichkeit, sich das Benötigte auszuleihen (s. S. 16).

Im **Hotelbereich** gibt es einige Einrichtungen, die auf Familien spezialisiert sind bzw. ein besonderes Angebot für diese bereitstellen. So bietet etwa das **Barbian Family House** in Keitum (Keitumer Süderstr. 64a, Tel.: 04651-995913, www.barbian-family-house.de) „niveauvoll wohnen mit Baby und Kind" und exklusive Baby- und Kinderbetreuung ab 4 Monaten bis 6 Jahren. Das **Dorint Strandresort & Spa** in Westerland betreibt den hauseigenen Confetti-Kinderclub, in dem den 3- bis 13-Jährigen an 365 Tagen ein abwechslungsreiches Programm geboten wird (s. S. 75). Von morgens bis abends auf Familien eingestellt ist auch das **Dorfhotel** in Rantum (s. S. 78 f.). Dort wohnt man in Apartmenthäusern und kann gleichzeitig von den Vorzügen eines Hotels sowie der hauseigenen Kinderbetreuung im Resi profitieren. Über einen Kinder- und Jugendclub verfügt zudem auch das 2010 eröffnete Luxus-Hotel **A-Rosa** in List (Listlandstr. 11, Tel.: 04651-967500, www.resort.a-rosa.de).

Budgetfreundlich und naturnah kann man auch auf einem der **7 Campingplätze** in Westerland (Rantumer Straße, Tel.: 04651-836160), Tinnum (Ziegeleiweg 18, Tel.: 04651-3607), Morsum (Melnstich 7, Tel.: 04651-890444), Rantum (Hörnumer Str. 3, Tel.: 04651-80755), Hörnum (Rantumer Str. 31, Tel.: 04651-8358431), Wenningstedt-Braderup (Osetal 3, Tel.: 04651-944004) oder Kampen (Möwenweg 4, Tel.: 04651-42086) seine Zelte aufschlagen. Für Jugendliche, die auf der Insel zugleich Urlaub von ihren Eltern machen möchten, gibt es das besondere Angebot des **Jugendzeltplatzes** Dikjen-Deel, 3 km südlich von Westerland (Fischerweg 36-40, Tel.: 04651-8357825). Dort sind Jugendliche zwischen 14 und 18 Jahren auch ohne Eltern willkommen. Mit einer Einwilligungserklärung der Eltern können sie auf dem Zeltplatz campen und die Verpflegung der Jugendherberge genießen (21,90 € für Übernachtung im eigenen Zelt einschließlich Frühstück). Weitere **Infos:** www.sylt.de.

3. Anreise

Ist der Zeitraum gewählt und die Unterkunft gebucht, muss man nur noch irgendwie nach Sylt kommen. Dafür stehen grundsätzlich 3 verschiedene Verkehrsmittel bereit: Die Bahn, das Auto (in Verbindung mit Autozug oder Fähre) oder das Flugzeug; in jedem Fall gilt es, das zwischen dem Festland und der Insel gelegene **Wattenmeer zu überwinden**. Die dafür am häufigsten genutzte Möglichkeit ist die Überfahrt über den 1927 fertig gestellten Hindenburgdamm, der die Insel mittels eines Bahndamms mit dem Festland verbindet.

Bahnfahrer müssen sich weder Gedanken machen noch zusätzliches Geld in die Hand nehmen, um das Wasser zu überqueren: Die Züge fahren einfach über den Hindenburgdamm wie über jede andere Strecke; ein Zuschlag oder Aufpreis wird nicht verlangt. Auf der Strecke von Hamburg nach Westerland verkehren sowohl Züge der Deutschen Bundesbahn (DB, Auskünfte zu den Verbindungen an den Kartenschaltern der Bahn bzw. unter www.bahn.de) als auch der Nord-Ostsee-Bahn (NOB, Tel.: 0180-1018011, www.nord-ostsee-bahn.de).

Wer mit dem **Auto** kommt, muss sich entscheiden, ob er das Meer mit Hilfe des Autozugs **Sylt Shuttle** von Niebüll nach Westerland oder mit der **Autofähre** von Rømø nach List überwinden will. Bei der Frage, welcher dieser Wege vorzugswürdig, also insbesondere schneller und billiger ist, scheiden sich die Geister. So ist einerseits der **Fahrpreis** für einen normalen Pkw mit dem Sylt Shuttle höher als der auf der Fähre (www.sylt shuttle.de: 75,00 € für die DiMiDo-Hin- und Rückfahrkarte und 88,00 € an den anderen Tagen bzw. www.syltfaehre.de: 67,00 € bei Hin- und Rückfahrt am gleichen Tag und 76,00 € bei Hin- und Rückfahrt an verschiedenen Tagen). Die Fahrt mit dem Autozug dauert mit durchschnittlich 45 Minuten etwas länger als die mit der Fähre (35 Min.). Bei einer Anreise mit der Fähre muss man allerdings bedenken, dass sich die mit dem Auto auf dem Festland zu fahrende Strecke um ca. 40 km verlängert, was **Zeit und Sprit** kostet. Zudem kommt die Fähre in List an, so dass ggf. auch auf der Insel noch weiter in den (südlicheren) Urlaubsort zu fahren ist. Außerdem gilt beim Sylt Shuttle „first come first serve", und in der Hochsaison können teilweise **Wartezeiten** entstehen (die häufig auch im Verkehrsfunk durchgegeben werden oder unter Tel.: 01805-934567 zu erfragen sind). Demgegenüber kann man bei der Fähre eine bestimmte Überfahrt-Zeit verbindlich buchen, muss sich dann allerdings auch um eine Absage kümmern, falls man im Stau stecken bleibt (Tel.: 0461-864601).

Für Kinder, die gerade die Windel losgeworden sind, empfiehlt es sich zudem, vor der Auffahrt auf den Autozug noch einmal die **Toiletten an der Verladestation** zu nutzen. Denn während der Überfahrt kann man – anders als auf der Fähre - das Auto nicht verlassen.

Sylt Shuttle bei der Verladung in Westerland

Für **preisbewusste Kurzurlauber** gibt es zudem die Möglichkeit, das Auto (für 3,00 € pro Tag) auf dem Parkplatz in Klanxbüll abzustellen und dort für wenige Euros in den Personenzug der Nord-Ostsee-Bahn (NOB, s. o.) umzusteigen.
Wer noch schneller auf die Insel kommen möchte, kann eine der zahlreichen **Flugverbindungen** nutzen. Direktflüge werden u. a. ab Berlin-Tegel, Düsseldorf, Frankfurt, Hamburg, Stuttgart, Köln-Bonn und München angeboten und dauern ca. 1 Stunde (Auskünfte unter Tel.: 04651-920612 sowie www.flughafen-sylt.de). Für den Urlaub mit Kind und Kegel in einer Ferienwohnung dürfte dieser Reiseweg allerdings aufgrund der beschränkten Gepäck-Kapazitäten weniger geeignet sein – aber vielleicht kommt der Papa oder die Tante ja am Wochenende mit dem Flugzeug nach?

4. Urlaubsgepäck von A(utositz) bis Z(willingswagen)

Für welche Art der Anreise man sich auch entscheidet, irgendwie muss alles, was man im Urlaub braucht, auf die Insel. Wer mit dem Zug reist, kann z. B. den Gepäck- und Kurierdienst der Bahn nutzen (www.bahn.de). Trotzdem gilt meist unabhängig vom Transportmittel: Die Kapazitäten für das Gepäck sind beschränkt. Dabei gibt es für den Sylt-Urlaub eine einfache und praktische Lösung: Man leiht sich einfach das Benötigte aus. Es gibt insgesamt **4 Ausleih-Services**, bei denen man sich das von Familien benötigte Reise-Equipment (Autositz, Hochstuhl, Treppengitter, Reisebett, Kinderwagen, Babyjogger, Rückentrage, Laufrad, Bollerwagen, Fahrradanhänger etc.) mieten kann. Wer ein bestimmtes Modell bevorzugt, kann auch vorab von zu Hause aus klären, ob es zum Wunschtermin zur Verfügung steht. In der Hochsaison empfiehlt es sich in jedem Fall, rechtzeitig telefonisch oder per Internet zu bestellen bzw. zu reservieren. Teilweise werden auch bequeme Lieferungen direkt ins Feriendomizil angeboten.

a) Kinderland in Tinnum
Adresse: Mittelweg 5 (neben der Aral-Tankstelle an der Keitumer Landstraße). [■] **Öffnungszeiten:** Mo.-Fr. 11.00-18.00 Uhr, Sa. 10.00-14.00 Uhr. **Angebot und Kosten:** Autositz 2,50 € bis 3,00 €, Hochstuhl oder Laufgitter 3,00 €, Reisebett oder Treppengitter 2,50 €, Kinderwagen oder Jogger 3,50 €; jeweils vergünstigte Wochenpreise. **Lieferservice:** 4,00 € (außer List und Hörnum). **Tel.:** 04651-995630. **www.sylt-kinderland.de**

b) VeloQuick in Westerland
Adresse: Industrieweg 20. [■] **Öffnungszeiten:** 8.00-18.00 Uhr.
Angebot und Kosten: Autositz oder Hochstuhl 3,50 €, Kinderwagen oder Jogger 5,00 €, Holz-Laufrad 3,50 €, Bollerwagen 4,00 €, Fahrradsitz 1,50 €; jeweils vergünstigte Wochenpreise. **Lieferservice:** 1,50 € (inselweite Pauschale). **Tel.:** 04651-21506. **www.veloquick.de**

c) Harlekin in Westerland
Adresse: Strandstr. 6 – 8. [■] Öffnungszeiten: Mo.-Fr. 10.00-18.00 Uhr, Sa. 10.00-16.00 Uhr, in der Saison So. 11.00-14.00 Uhr.
Angebot und Kosten: Autositz 5,00 €, Hochstuhl 4,00 €, Reisebett 3,00 €, Kinderwagen (Bugaboo) oder Jogger 7,00 bis 8,00 €, Bauch- oder Rückentragen 3,00 € bis 4,00 €, Bollerwagen oder Laufrad 5,00 €; jeweils vergünstigte Wochenpreise. **Tel.:** 04651-201136.

c) Inselbücherei und Ludothek in Westerland
Adresse: Stephanstr. 6b. [■] Öffnungszeiten: Mo. u. Di. 10.00-12.00 u. 15.00-18.00 Uhr, Do. nachmittags bis 19.00 Uhr, Fr. nur bis 17.00 Uhr, Sa. nur vormittags ab 8.30 Uhr; Mi. und So. geschl. **Angebot:** Kinderbücher, Jugendbücher, DVDs, CDs, Kinder- und Gesellschaftsspiele.
Kosten: Für Kinder ist das Ausleihen kostenlos, Erwachsene zahlen 4,00 € für 4 Wochen. Beim erstmaligen Ausleihen bitte Personalausweis mitbringen. **Tel.:** 04651-22710.
www.spielbergsylt.de und **www.inselbuecherei-sylt.de**

5. Tourismus-Service und Gästekarte

Zentraler Ansprechpartner für alle Fragen von der Unterkunft bis zu aktuellen Veranstaltungen sind die Service-Geschäftsstellen der jeweiligen Inselorte. Westerland, Tinnum, Keitum, Munkmarsch, Archsum, Morsum und Rantum haben sich zum Insel Sylt Tourismus Service **(ISTS)** zusammengeschlossen (s. auch www.insel-sylt.de). In den Orten Kampen, Wenningstedt-Braderup und Hörnum gibt es jeweils sog. **Tourismus-Services** und in List die **Kurverwaltung**. In diesen Geschäftsstellen erhält man auch das jeweils kostenlose **Angebotsjournal** sowie die 14-tägig erscheinende **TV Sylt**, in denen die aktuellen Veranstaltungen aufgeführt und beschrieben sind.

Tipp:

Am besten geht man an einem seiner ersten Urlaubstage bei der nächstgelegenen örtlichen Geschäftsstelle vorbei und deckt sich dort mit dem Informationsmaterial ein. Auch in der Tageszeitung Sylter Rundschau werden unter den Rubriken „Heute auf Sylt", „Junges Sylt" die speziell für Kinder und Jugendliche geeigneten Veranstaltungen tagesaktuell dargestellt (die Sylter Rundschau kann man sich auch per sh:z App aufs iPhone oder iPad laden). Umfangreiche Informationen zur ganzen Insel bietet zudem die Webseite der Sylt Marketing GmbH (www.sylt.de).

Insgesamt gibt es folgende Geschäftsstellen (von Nord nach Süd - die farbigen Quadrate beziehen sich jeweils auf die Karte auf Seite 90):

Ort	Adresse	Tel.: 04651-	Web
List [■]	Landwehrdeich 1	95200	www.list-sylt.de
Kampen[■]	Hauptstr. 12	469810	www.kampen.de
Wenningstedt-Braderup [■]	Dünenstr. 9 Osetal 5 Westerlandstr. 1	8358638 4470 98900	www.wenningstedt.de
Westerland[■]	Strandstr. 35 Friedrichstr. 44 Stephanstr. 6	9980 998340 82020	www.insel-sylt.de www.westerland.de www.sylt.de
Tinnum [■]	Dirksstr. 11	983714	www.tinnum.de
Keitum [■]	Gurtstig 23	3370	www.keitum.de
Archsum [■]	s. Morsum	s. Morsum	www.archsum.de
Morsum [■]	Bi Miiren 1	890732	www.morsum.de
Rantum [■]	Strandweg 7	998209	www.rantum.de
Hörnum [■]	Rantumer Str. 20	96260	www.hoernum.de

Jeder Erwachsene hat eine **Kurabgabe** zu entrichten, die entweder bei den örtlichen Geschäftsstellen oder bei den Vermietern zu zahlen ist. Im Gegenzug erhält er eine **Gästekarte**, die er immer bei sich tragen sollte, um sie an den Strandübergängen den Kontrolleuren vorzeigen und von den Vergünstigungen profitieren zu können, die einige Einrichtungen anbieten (z. B. bei Eintritten in die Sylter Welle (s. S. 32 ff.) und das Sylt Aquarium (s. S. 50) sowie bei der Teilnahme an Wattwanderungen (s. S. 48). Die Kurabgabe dient u. a. der Finanzierung von Kureinrichtungen, Freizeitanlagen, Rettungs- und Sicherheitsdiensten am Strand sowie der Pflege der Strände. Faktisch zahlt man die Kurabgabe allerdings für die **Möglichkeit der Nutzung**, also unabhängig davon, ob man tatsächlich an den Strand geht bzw. öffentliche Kureinrichtungen aufsucht. Die **Höhe** der Kurtaxe hängt von der Jahreszeit ab und variiert von Ort zu Ort (1,00 € bis 3,10 € pro Erw. und Tag bei einem Aufenthalt ab 2 Tagen; einzelne Tageskarten an den Strandübergängen sind teurer). **Kinder und Jugendliche** zahlen weniger oder gar nichts, wobei in manchen Orten die Vergünstigung schon mit 12 oder 14, in anderen erst mit 18 Jahren ausläuft.

Tipp:

Kinder zwischen 3 und 12 Jahren, die mit ihren Eltern oder Großeltern in List zwischen Mai und Oktober Urlaub machen, können sich in der Kurverwaltung (Landwehrdeich 1) oder im Adler-Pavillon (am Hafen) eine Kids-Card mit eigenem Foto ausstellen lassen. Dazu gibt es ein Geschenke-Heft mit Rätsel- und Malspaß sowie Buntstifte. Werden die Kids-Card und das Geschenke-Heft dann in den teilnehmenden Lister Geschäften und Restaurants vorgelegt, bekommen die Kinder dort einen Stempel ins Heft sowie ein kleines Geschenk.

6. Sylt Special: Strandabschnitte, -körbe und -korbbändchen

a) Strandabschnitte

Bevor man einen tollen Tag am Strand verbringen kann, hat man zunächst die Qual der Wahl, für welchen Strandabschnitt man sich entscheidet. Naturgemäß sind die sog. **Hauptstrände**, die jeweils am nächsten zum jeweiligen Ortszentrum liegen und bei denen in der Regel gute Parkmöglichkeiten bestehen, am meisten besucht. Dies gilt insbesondere für den Hauptstrand in Westerland (Übergang Friedrichstr.) und den in Wenningstedt (Strandstr./Kliff). Vorteile dieser beliebten und belebten Abschnitte sind meist, dass sowohl **Toiletten** als auch Kioske, die eine Versorgung mit **Essen**, heißen und kalten Getränken sowie Zeitschriften und Postkarten etc. gewährleisten, in unmittelbarer Nähe sind.

Blick von der Himmelsleiter auf den Westerländer Strand

Wer es demgegenüber lieber etwas ruhiger mag, wird eher die zwischen den Orten gelegenen Strandabschnitte vorziehen. Dort ist man allerdings mehr auf Alleinversorgung angewiesen.

Ein bei der Auswahl des Strandabschnitts nicht zu vernachlässigender Aspekt ist auch die Frage, wie der **Fußweg** vom Fahrrad- bzw. Pkw-Parkplatz bis zum Strand ausgestaltet ist, da in der Regel die zwischen den Parkplätzen und dem Strand befindlichen **Dünen** zu überwinden sind. Dies kann z. T., insbesondere mit **Kinderwagen** und großem Gepäck, eine kleine (sportliche) Herausforderung darstellen. An den Hauptstränden gibt es (unterschiedlich hohe) Dünen-Treppen. Die höchste ist mit über 90 Stufen die sog. Himmelsleiter in Westerland. An anderen Abschnitten führen Fußwege durch die Dünen, die mal mit Holzplanken ausgelegt sind oder mal aus schlichten Kieselstein-/Sandbelägen bestehen und sich z. T. (z. B. Buhne 16 in Kampen) über mehr als einen Kilometer hinziehen können. Dafür wird man durch die schöne Dünenlandschaft sowie tolle Ausblicke, z. T. auf beide Meere, belohnt. Wer derartige **Wandertouren** allerdings lieber vermeiden und auch nicht auf den Kinderwagen verzichten möchte, findet in Westerland am Übergang südlich der Friedrichstraße (hinter dem Hotel Miramar) sowie am Übergang Risgap in Wenningstedt (Dünenstr., gegenüber der neuen „Gosch-Welle") optimale (auch rollstuhlgeeignete) Bedingungen. Dort gibt es nämlich jeweils einen vergleichsweise kurzen, **stufenfreien und asphaltierten** bzw. mit Holzplanken ausgestalteten Strandzugang.

Tipp:

Die am Wattenmeer gelegenen Strände in Hörnum (unterhalb der Hafenstraße) und List (am Oststrand) eignen sich besonders für einen Aufenthalt mit kleineren Kindern und werden deshalb teilweise auch Kinderstrände genannt. Denn dort fällt der Strand flacher ab, und es ist meist weniger windig als am Weststrand, was Kinder (und kälteempfindliche Mamas) oft zu schätzen wissen. Bei ablaufendem Wasser lassen sich auch gut kleine Priele für Schiffchen und Flöße bauen, und bei Ebbe kann man tolle Muscheln und andere Meeresschätze sammeln.
Unter www.sylter-freizeit-team.de ist eine Webcam installiert, mit der man das Treiben am Strand stets genau beobachten kann.

Kinder(ost)strand Hörnum

Der Wattstrand in **Hörnum** ist gut über die **asphaltierte Strandpromenade** zu erreichen, an der im Hochsommer auch Trampoline (s. S. 45), Minigolf-Billard sowie Kioske und Crêpes-Buden zum Verweilen einladen. Wer mit dem Auto unterwegs ist, nimmt am besten den nahe gelegenen (kostenpflichtigen) Parkplatz am Hafen. Der Kinderstrand in **List** ist vom Parkplatz im Hafen Richtung Süden über einen schönen **asphaltierten Fuß- und Radweg** (ca. 20 Min. zu Fuß) oder von dem Parkplatz in der Straße Mannemorsumtal (ca. 5 Min. zu Fuß) aus zu erreichen.

Fans der Freikörperkultur werden sich an einem der **FKK-Strände** wohl fühlen. Es ist allerdings auch kein Problem, sich dort mit Badesachen aufzuhalten. **Hunde** sind nur an dafür ausgewiesenen Strandabschnitten erlaubt. Näheres zum Schwimmen im Meer siehe auch auf S. 30 ff.

b) Strandkörbe

Im Sommer stehen an den Sylter Stränden insgesamt ca. 12.000 Inselwahrzeichen: **Strandkörbe**. Sie schützen vor Wind und Sand (und falls gewünscht auch vor Sonne) und stellen eine gute „Home-Base" für einen gelungenen Strandtag dar. Wer schon weiß, wo sein Lieblingsstrandabschnitt ist, kann bereits von zu Hause aus für die Dauer des Urlaubs einen Strandkorb mieten (unter www.strandkorb-sylt.de gibt es dazu eine interaktive Karte). Bei der Buchung von mehreren Tagen reduziert sich der jeweilige Tagespreis; teilweise werden auch erhebliche Frühbucherrabatte geboten (Infos bei den auf S. 17 angegebenen Geschäftsstellen). Strandabschnitt-Wechsler können die Körbe auch tageweise direkt am Strand mieten – an einem sonnigen Tag in der Hochsaison sollte man dann aber nicht zu spät aufstehen. **Kostenpunkt** je nach Ort und Zeitpunkt der Buchung: 5,00 bis 10,00 € pro Tag.

Eine weitere Besonderheit existiert in **List**. Dort gibt es am West- und Oststrand spezielle **Kinderstrandkörbe**, in denen eine kleine Schatzschublade eingebaut ist, in der man Strandspielzeug verstauen kann. Besonders urlaubskassenfreundlich ist auch, dass der Kinderstrandkorb nur 2,00 € pro Tag kostet; er kann allerdings aufgrund der großen Nachfrage anders als die anderen Strandkörbe nicht vorbestellt werden.

Manche Orte bieten auch familienfreundliche Dreisitzer, diese sind aber teurer als die üblichen Zweisitzer.

c) Strandkorbbändchen

Am **Westerländer Strand**, an dem im Sommer ca. 3.000 Strandkörbe stehen, wird ein besonderer Service für Kinder angeboten: Die Strandkorbbändchen. Auf diesen kleinen roten Plastikarmbändern steht jeweils die **Nummer des gemieteten Strandkorbs**. So ist gewährleistet, dass der Nachwuchs auch nach kleinen Erkundungstouren immer zum Erziehungspersonal zurückfindet. Das **kostenfreie** Strandkorbbändchen ist an allen Westerländer Strandübergängen und an den Schaltern des Syltness Centers (Dr.-Nicolas-Str. 3, Westerland), sowie im Verwaltungsgebäude des ISTS (Strandstr. 35, Westerland) erhältlich.

7. InselTicket

Seit einigen Jahren gibt es auf der Insel ein spezielles **Gutscheinheft**, das sog. InselTicket. Es kostet 19,50 € und man kann damit vom 1. April bis zum 30. Oktober in verschiedenen Betrieben unterschiedliche Vergünstigungen bekommen. Eines der attraktivsten Angebote ist der **50% Rabatt** auf die 2. Eintrittskarte für das Sylt Aquarium (s. S. 50). Weitere Teilnehmer sind u. a. die Adler-Schiffe (s. S. 53 f.), der Shop und das Café im Sylt Aquarium, die Strandsauna Samoa, Biomaris, Lucky´s Bowling & More (s. S. 43), Sylter Tee Company, M + M Fahrradverleih, die Gastronomie-Betriebe Aldente (s. S. 74), Kolibri, Sylter Feinstein und das Künstler-Café sowie das Erlebniszentrum Naturgewalten (s. S. 51 ff.). Zum Teil gilt das Angebot **„2 for 1"**, d. h. die günstigere oder preisgleiche Position wird nicht berechnet. Manche Anbieter gewähren auch einen 15- oder 20% Rabatt auf eine Eintrittskarte oder einen Einkauf. Einige dieser Angebote sind allerdings an besondere Tage bzw. Zeiten gebunden, so dass man doch genau hinschauen und überlegen muss, ob sich das InselTicket lohnt. Erhältlich ist es auf Sylt bei den teilnehmenden Betrieben sowie unter www.inselticket-gutschein.de.

8. SyltCard

Ein weiteres Rabatt-System bietet die Sylt- bzw. **Payless Card**, die für 10,00 € erhältlich ist und bei der viele Unternehmer unterschiedliche Rabatte (z. B. 3% bis 10 % auf bestimmte Artikel, ein Gratisgetränk ab einem bestimmten

Verzehrwert etc.) gewähren. Verkauft wird die SyltCard u. a. in der Buchhandlung Voss in Westerland, im Edeka Markt in Hörnum, im Markant-Markt in Rantum sowie unter www.sylt-payless-card.de. Für Smartphone-Inhaber wurde für jedes beteiligte Unternehmen ein **QR Code** angelegt. Durch das Scannen dieses Codes erhält man Infos zu den Unternehmen oder zur Sylt Card selbst. Seit 2013 ist die SyltCard landesweit in Schleswig-Holstein, Hamburg und Dänemark auch als Payless Card nutzbar.

9. Webcams und Apps

Unter **www.webcamsylt.de** findet man die jeweils aktuelle Übersicht über alle auf der Insel installierten Webcams. Für diejenigen, die während der Hochsaison mit dem Autozug anreisen, ist insbesondere die Webcam der Autoverladung interessant – so kann man schon von unterwegs aus mal gucken, wie viele Autos vor einem da sind.

Mittlerweile gibt es neben den unzähligen Internet-Seiten, die Informationen über die Insel enthalten, auch mehrere **Apps**. Für Android Nutzer ist insbesondere die kostenlose **iSylt** zu empfehlen, die u. a. vom ISTS gepflegt wird und über die man auch direkt Hotels, Apartments und Veranstaltungstickets buchen kann. Inhaber eines iPads oder iPhones können sich zudem mit der **sh:z** App die Sylter Rundschau (s. S. 17) herunterladen. Für Hundebesitzer (beider Betriebssysteme) ist evtl. auch die App **Hundestrände** interessant, die für 1,79 € u. a. über den nächstgelegenen Hundestrand informiert.

II. Spielplätze

Die Insel bietet eine große Anzahl unterschiedlicher Spielplätze. Eine Übersicht kann man sich im Internet ansehen (www.sylt.de/erleben/familien/spass-action/spielplaetze.html). Auch auf der **„SI-Urlaubskarte Sylt"** (erhältlich bei den Geschäftsstellen des ISTS, s. S. 16 f.) sind (fast) alle Spielplätze als bunte Bälle eingezeichnet (teilweise ist die Ermittlung der genauen Adresse anhand dieser Karte jedoch schwierig). Im Folgenden wird pro Ort mindestens ein Spielplatz mit seinen jeweiligen Besonderheiten dargestellt.

1. Westerland

a) Strandpromenade Villa Kunterbunt

Einer der attraktivsten Spielplätze der Insel ist der Spielplatz vor der Villa Kunterbunt in Westerland: Wunderschön direkt **an der Strandpromenade** und neben der Sylter Welle (s. S. 32 ff.) gelegen, können sich die Kleinen hier richtig austoben, während Mama und Papa den **Meerblick** und die frische Brise genießen. Bei den zahlreichen Spielgeräten ist für jedes Alter etwas dabei: Vom Krabbeltunnel und spezieller Klein-Kinder-Station über die Nestschaukel, das Dreh-Karussell, das Piratenschiff, die Wackelbrücke bis zur großen **Leuchtturmrutsche**. Dort müssen die Kinder zunächst ganz schön hoch klettern, verschwinden dann für einen Moment im Turm, bis sie schließlich - meist strahlend - angerutscht kommen. Und wer dann noch nicht genug Bewegung hatte, kann nebenan auf dem **kostenlosen Riesen-Trampolin** hüpfen (s. auch S. 44). Praktisch ist auch, dass sich auf der Rückseite der Villa Kunterbunt gepflegte öffentliche **Toiletten** einschließlich einer extra Kindertoilette sowie eine **Wickelmöglichkeit** befinden.
Adresse: Strandpromenade (zwischen Strandstraße und Brandenburger Platz). [■]

b) Piratenspielplatz am Jap-Peter-Hansen-Wai

Am Ortsrand von Westerland Richtung Tinnum versteckt sich ein weiterer, sehr schöner und großräumiger **Piratenspielplatz**, der alles bietet, was junge Abenteurer wünschen: Ein Piratenboot, ein großes Klettergerüst mit Wackelbrücken, eine lange Tunnelrutsche, eine Seilbahn, eine **Wasserpumpe** mit Spielstation, verschiedene Schaukeln sowie eine Fläche zum Fußballspielen. Spezielle Kleinkinderbereiche sind nicht vorhanden. **Adresse:** Den autofreien Jap-Peter-Hansen-Wai erreicht man entweder über die Tinnumer Straße oder über den Tinnumer Deichweg (gegenüber der Tennisanlage). [■]

2. Sylter Osten

a) Keitum

Inmitten des idyllischen und verwinkelten Orts Keitum „versteckt" sich ein sehr schöner Spielplatz mit neuen und gepflegten Spielgeräten: Es gibt eine attraktive **Kleinkinder-Station**, ein Kletterhaus, diverse Schaukeln und für die Größeren ein hohes, anspruchsvolles Klettergerüst mit Wackelbrücke und Rutsche. Da der Spielplatz von Bäumen umgeben ist, eignet er sich besonders, wenn man mal etwas **Schutz vor Sonne und/ oder Wind** sucht. Neben den normalen Bänken gibt es einen schönen **Picknick-Tisch**, an dem man auch gut Lesen oder Kaffeetrinken kann. Gegenüber im Pfarrhaus befinden sich zudem kostenlose **Toiletten**.

Tipp:

Falls man noch keine Zeitung erwischt oder noch keinen Picknickkorb gepackt hat, kann man sich in dem nur wenige Schritte entfernten Bäcker im Edeka-Laden (Munkmarscher Chaussee 6a, Tel. 04651-93 55 80, www.edeka-keitum.de) mit heißem Milchkaffee, Brötchen oder leckerem Kuchen bzw. im Edeka mit Eis, Obst und kalten Getränken eindecken. In diesem Edeka gibt es auch eine kleine Poststation sowie Postkarten, die man - während sich die Kids auf dem Spielplatz austoben - gemütlich schreiben und dann direkt in den Briefkasten vor dem Spielplatz werfen kann. Adresse: Pröstwai, Ecke Munkmarscher Chaussee. [■]

b) Tinnum

aa) Boy-Peter-Eben-Weg

Zwischen Schule und Kindergarten gelegen befindet sich dieser großräumige Spielplatz. Erst 2010 ist dort anstelle der zuvor vorhandenen, etwas veralteten Rutsche ein neues Spielgerät mit Wackelbrücke, Haus und Rutsche installiert worden. Zudem gibt es eine Schaukel, eine Wippe und diverse Wackeltiere sowie viel Freifläche zum Spielen, so dass es sich selbst in der Hochsaison nie richtig voll anfühlt. **Adresse:** Boy-Peter-Eben-Weg, von dort führt ein Fuß- und Radweg zum Spielplatz; erreichbar ist der Spielplatz auch über einen Fußweg vom Liiger Hörn. [■]

bb) Bahnstraße

Dieser Spielplatz ist wirklich leicht zu übersehen: In der kleinen Bahnstraße weist zwischen den Häusern Nr. 3 und 5 lediglich ein Schild am Zauntörchen darauf hin, dass sich dahinter ein Spieleldorado befindet. Das Angebot reicht von einer Kletterpalme über Balancier-Balken bis zu einem großen Klettergerüst mit Wackelbrücke und Rutsche sowie diversen Schaukeln. [■]

c) Archsum

Dieser Spielplatz ist durch einen kleinen Grünstreifen in 2 Teile gegliedert. Auf der einen Seite befindet sich ein sehr schöner und **neuer Kleinkinderbereich**, der sich besonders für die unter Dreijährigen eignet: Spielhaus, Nestschaukel, Karussell und Wackeltiere sind extra niedrig gehalten, damit die Kleinen mehr Spaß und die Großen weniger Sorgen haben. Auf der anderen Seite können sich die etwas größeren Kinder auf einer „Arche Noah“, Rutsche, Wippe und Schaukel austoben. Für Fußballprofis und solche, die es werden wollen, stehen zudem 2 Tore zur Verfügung. Hinsichtlich der Versorgung und der Entsorgung ist man auf diesem etwas abseits gelegenen Platz allerdings sich selbst überlassen.
Adresse: Walseekerstig. [■]

d) Morsum

Dieser großflächige Spielplatz ist ein Highlight für **Kletterfreaks** und Abenteurer. Auf dem hohen Seil-Kletterturm und der **Seilbahn** kommen insbesondere größere Kinder voll auf ihre Kosten. Aber auch das schnelle „Rutschrohr“

sowie Wackelbrücke und Nestschaukel sorgen dafür, dass bereits Kinder ab ca. 2 Jahren viel Spaß haben. Und falls nach so viel Klettern unerwartet Hunger oder Durst aufkommen, kann man in der nahe gelegenen **Bäckerei und im Café Ingwersen** (Terpstig 76, Tel.: 04651-82333, www.ingwersen-sylt.de) oder im **Bistro des Muasem Hüs** Abhilfe schaffen. Dort findet man auch jeweils gepflegte **Toiletten** und Wickelmöglichkeiten. **Adresse:** Serkwai; direkt hinter dem Parkplatz des Muasem Hüs (Bi Miiren 17). [■]

3. Rantum und Hörnum

a) Rantum

Der Rantumer Spielplatz ist Ende 2012 grundlegend erneuert worden: Die Kinder werden hier jetzt von einer Ekke-Nekkepen-Figur begrüßt und können sich auf einem Kletter-Rutsch-Schiff, Balancierbalken, Wackeltieren, Schaukeln und in einem Kleinkinderhäuschen austoben und gleichzeitig den Wattblick genießen. Angrenzend ist eine große Wiese mit zwei Fußballtoren. Im gegenüber gelegenen Lebensmittelladen kann man sich mit Getränken und Snacks versorgen. **Adresse:** Strandstraße. [■]

b) Hörnum

Zwischen der viel befahrenen Rantumer Straße und einem Wohngebiet liegt dieser lang gezogene, recht große Spielplatz, auf dem sich sowohl neuere (Wackelbrücke, Schaukel, Wippe) als auch ältere Geräte (Klettergerüst, Indianerhäuser) befinden. **Adresse:** Berliner Ring. [■]

4. Wenningstedt-Braderup, Kampen, List

a) Wenningstedt

Dieser großflächige Spielplatz liegt neben der Kirche und schräg **gegenüber dem Dorfteich**. Man kann den Besuch also gut mit einem Spaziergang um den Teich verbinden und dort Entenfamilien und insbesondere auf den 2 kleinen Inseln zahlreiche Vogelarten beobachten. Ein Highlight des Spielplatzes ist im Sommer die **Wasserstation**, an der die Kinder selbst Wasser pumpen können. Zudem gibt es diverse Klettergerüste, eine Drehtrommel, eine Rutsche, mehrere Schaukeln, (Kleinkinder-)Wackeltiere und eine Fläche zum (Fuß-)Ballspielen. **Adresse:** Kirchenweg. [■]

b) Kampen

Der Kampener Spielplatz versteckt sich zwischen Dünen und Campingplatz. Für **Fußballfans** gibt es einen schönen Sandplatz mit 2 Toren, ansonsten eine eher durchschnittliche Ausstattung mit Kletterhaus, Rutsche und Schaukel.
Adresse: Am Möwenweg. [■]

c) List

Mitten **im Hafen** gelegen, umringt von Gosch, der Tonnenhalle, Eis- und Souvenirläden ist dieser Spielplatz eine ideale Basis, um den Lister Hafen zu erkunden oder den Kindern nach der Shoppingtour bzw. dem Restaurantbesuch eine Auszeit zu gönnen. Herzstück des Spielplatzes ist ein **großes Kletterschiff** mit Wackelbrücke und Rutsche.
Zahlreiche **Verpflegungsmöglichkeiten** sowie **Toiletten** sind in unmittelbarer Nähe. Autofahrer können auf dem großen Hafen-Parkplatz parken. Von dort sind es ca. 3 Gehminuten bis zum Spielplatz (Fotos s. S. 55).
Adresse: Hafen. [■]

III. SPORTLICHE AKTIVITÄTEN

1. Schwimmen und Baden

a) Im Meer

Dass es auf Sylt viele schöne Strände gibt, an denen man ein Bad im Meer genießen kann, überrascht wenig. Man sollte aber stets bedenken, dass sich insbesondere bei ablaufendem Wasser oft **starke Strömungen** entwickeln können, denen manchmal selbst Erwachsene kaum Stand halten können. Deshalb darf man **kleine Kinder nie unbeobachtet** lassen, selbst wenn sie nur an der Wasserkante spielen.

Besondere Vorsicht ist zudem bei den am Strand durch **gelbe Andreaskreuze** ausgewiesenen **Buhnen** geboten. Diese im rechten Winkel zum Strand in die Nordsee gebauten, bis zu 100 m langen Konstrukten aus Holz, Stein, Beton oder Stahl wurden ursprünglich gebaut, um die Strömung zu brechen und Sandabtragungen zu reduzieren. Heute bieten sie bei Ebbe eine gute Möglichkeit, Meeresschätze wie Muscheln, Krebse und Seesterne zu sammeln. Bei Flut werden sie allerdings teilweise überspült und sind somit für die Schwimmer nicht mehr sichtbar, so dass besondere Vorsicht geboten ist.

Am besten geht man mit Kindern nur an den **bewachten Badestränden** schwimmen. Dort passen während der Saison qualifizierte **Rettungsschwimmer der DLRG** auf, dass niemand von der Strömung abgetrieben oder auf eine Buhne geschleudert wird. Die Rettungsschwimmer halten sich in **DLRG-Häuschen** auf, die erhöht aufgestellt und deshalb gut zu sehen sind. Die Rettungsschwimmer sind auch kompetente und freundliche Ansprechpartner für kleinere Probleme, z. B. wenn sich ein Kind verlaufen hat oder ein Splitter entfernt werden muss.

Die bewachten Strände sind durch **rot-gelbe Flaggen** gekennzeichnet. An den DLRG-Häuschen am Strand befinden sich weitere Wimpel-Fahnen, an denen man den aktuellen Badestatus erkennen kann: Ein weißer Wimpel mit dem Schriftzug **Badezeit** bedeutet, dass dort von 10.30 bis 17.00 Uhr ein Rettungsschwimmer im Dienst ist.

Eine zusätzliche **grüne Fahne** heißt, dass das Baden **gefahrlos** ist. Ist allerdings eine **gelbe Flagge** gehisst, wird dadurch signalisiert, dass **nur unter Aufsicht** der Rettungsschwimmer gebadet werden darf. Wiegt sich schließlich eine **rote Fahne** im Wind, herrscht absolutes **Badeverbot**. An solchen Tagen ist es meist so windig, dass man den Strand mit kleineren Kindern schon wegen des Windes und des umherfliegenden Sandes meiden wird. Jugendliche und Erwachsene können allerdings ein eindrucksvolles Naturschauspiel erleben.

Besondere Bedingungen herrschen im nördlichsten Teil der Insel, dem sog. **Ellenbogen**. Um die im Privateigentum befindlichen Straßen zu befahren, müssen Autofahrer zunächst eine Schranke passieren und einen „**Wegezoll**" (5,00 €) zahlen. Radfahrer und Fußgänger können die Fläche kostenlos nutzen. Die 4,5 km lange Halbinsel ist im Sommer 2012 von der Zeitschrift Geo-Saison zu einem der **10 schönsten Strände Europas** gekürt worden. Zu bedenken ist allerdings, dass das Baden am Ellenbogen aufgrund der **extrem starken Strömungen** zu jeder Zeit strengstens verboten ist – auf die **Lebensgefahr** machen Schilder mit Totenköpfen aufmerksam. Insofern ist besondere Aufmerksamkeit gefordert, wenn man sich dort mit (kleineren) Kindern aufhält!

Falls im Sommer einmal mehrere Tage der ansonsten eher untypische **Ostwind** weht, kann es zudem zu einem vermehrten Aufkommen von **Quallen** kommen. Die meisten von diesen glibberigen Meeresbewohnern sind aber ungefährlich. Eine Ausnahme bilden nur die gelben Haarquallen. Diese werden im Volksmund **Feuerquallen** genannt, denn wenn ihre Tentakeln die menschliche Haut berühren, entstehen (wie Feuer) brennende Hautirritationen, die man jedem ersparen möchte. Erwischt es einen gleichwohl, gibt es in der Apotheke lindernde Cremes, bei starken Verbrennungen, insbesondere bei Kindern, sollte ein Arzt (s. S. 88) aufgesucht werden.

b) In der Sylter Welle

Falls die Sonne mal nicht scheint oder es in der Nebensaison einfach noch nicht warm genug ist, bietet das **Freizeitbad** Sylter Welle in Westerland eine phantastische Alternative zur Nordsee. Auf rund 4.600 qm werden ein **Wellenbecken**, ein **Außenpool mit Meerblick**, ein **Kinderbecken**, ein **Wikingerspielschiff** und **3 Riesenwasserrutschen** mit bis zu 120 m Länge angeboten. Alle Becken sind mit Nordseewasser gefüllt. Zudem gibt es Solarien und einen Fitnessraum.

Im angeschlossenen **Wellness- und Saunabereich** findet man auf mittlerweile 3 Etagen 7 verschiedene Saunen (Finnische-, Dampf-, Aroma- und Wikingersauna etc.). Besonders schön ist auch die Blockhaussauna, aus der man auf das Meer und die Dünen blicken kann (ohne selbst von außen gesehen zu werden).

Adresse: Strandstraße 32. [■]

Alter: Das Schwimmbad ist grundsätzlich für Kinder jeden Alters zugänglich. Die Rutschen sind – abhängig von der Länge – allerdings erst für Kinder ab 6, 8 bzw. 12 J. freigegeben. In die Saunalandschaft dürfen die Kleinen ab 3 J.; Kinder bis 14 J. müssen in der Sauna von einem Erwachsenen begleitet werden. Die Benutzung des Fitnessraums ist ab 18 J. gestattet.

Tipps:

Nichtschwimmer ab 5 Jahren können die Ferien auch zum Schwimmenlernen nutzen: Das Syltness Center bietet einwöchige Schwimmkurse an (Mo.-Sa. 9.00-9.30 Uhr, 52,00 €, Tel. 0180-5009980 und 04651-9980, www.syltnesscenter.de). Anmeldung erforderlich. Einzelunterricht ist nach telefonischer Absprache ebenfalls möglich (Tel. 04651-998243).
Wer mit dem Bus anreist, spart nicht nur Sprit- und Parkplatzkosten, sondern erhält mit dem „Ab in die Welle"-Ticket der Sylter Verkehrsgesellschaft (SVG) auch noch vergünstigten Eintritt. Das Ticket kombiniert die inselweite An- und Abreise mit dem Bus und den Eintritt in die Sylter Welle für 14,80 € (Erw.) bzw. 7,70 € (Ki.) und für Familien 36,00 € (2 Erw. u. 1 Ki. bis 14 J.). Tel. 04651-836100. www.svg-sylt.de

Öffnungszeiten: Mo.-So. 10.00-22.00 Uhr; Di., Do. u. Sa. Frühschwimmen 7.00-10.00 Uhr (nur im Wellen- und Außenbecken; Kinderbecken und Wikingerschiff sowie Rutschen geschl.). **Kosten:** Ki. bis 3 J. frei. Ansonsten variieren die Preise zwischen Badelandschaft mit Sauna (4 Std. ab 19,50 € Erw., 14,00 € Ki.) oder ohne (2 Std. ab 9,00 € Erw., 5,00 € Ki.) sowie zwischen den Saisonzeiten. Sondertarife sind die **Familienkarte „2+2"** (1-2 Erw. & 1-2 Ki.) ab 24,00 €, sowie der **Ferientarif** (2 Erw. und 2 Ki. können für max. 14 Tage so oft baden wie sie möchten) ab 99,00 €. **Tel.:** 04651-9980. **www.sylterwelle.de**

Tipp:

Für alle Veranstaltungen im Syltness Center: Wer mit dem Auto kommt und auf dem angrenzenden Parkplatz (Anfahrt über Dr.-Nicolas-Str.) parkt, kann sich die Parkkarte beim Kauf der Eintrittskarte am Schalter im Syltness Center abstempeln lassen und dann 3 Stunden kostenlos parken!

c) Im Meerwasser-Thermalbad im Syltness Center

Im Gegensatz zur Sylter Welle handelt es sich bei dem im 1. OG des Syltness Centers in Westerland gelegenen Bewegungsbad – wie der Name schon vermuten lässt – um ein funktionales, mittelgroßes Schwimmbad ohne Schnickschnack. Für die Schlichtheit wird man allerdings durch den phantastischen Blick aufs Meer und das gute Programm für Kinder entschädigt. In der Hochsaison kann es insbesondere bei schlechtem Wetter allerdings recht voll werden.

Umkleiden und Duschen sowie Toiletten sind im 1. OG vor dem Schwimmbad. Für die Umkleideschränke braucht man eine 2,00 € Münze, die man hinterher zurückbekommt. **Adresse:** Dr.-Nicolas-Str. 3. [■]

Zeiten und Dauer: Die Kurse dauern jeweils 30 Min. und finden in der Regel 1x wöchentlich nachmittags statt.

Kosten: 6,00 € (1 Ki. mit 1 Erw.). Die Karte ist vor dem Kurs an einem der Schalter im Erdgeschoss des Syltness Centers zu erwerben und dann der Schwimmlehrerin zu geben. **Infos:** S. S. 33 (Tipp zum Schwimmenlernen).

aa) Babyschwimmen

Hier können schon die Kleinsten die Scheu vor dem Wasser verlieren – im 33 Grad warmen Wasser können Säuglinge und Kleinkinder von **5 bis 24 Monaten** zusammen mit einem Elternteil und einer qualifizierten Schwimmlehrerin gemeinsam Spaß am „Erlebnis Wasser" haben. Bei diesem oft auch von Einheimischen genutzten Angebot wird das Wasserspielzeug gestellt.

bb) Kleinkinderschwimmen

Dieses Angebot richtet sich an Kinder im Alter von **2 bis 5 Jahren**. Die Kleinen können zusammen mit ihren Eltern und der Schwimmlehrerin im Wasser mit den bereitgestellten Spielsachen spielen und planschen und sich schon mal auf die späteren Schwimmkurse vorbereiten.

cc) Aquafitness für Kinder

In diesem Kurs können Kinder von **8 bis 12 Jahren** in Begleitung eines Erwachsenen Spaß im Wasser haben. Mit Hilfsmitteln wie Poolnudeln, Schwimmbrettern und Wasserhanteln wird der Bewegungsapparat gekräftigt. Voraussetzung für die Kursteilnahme ist, dass die Kinder schwimmen können.

2. Surfen und Co.

a) Surfschule Sunset Beach in Westerland

Dort, wo im Herbst der Windsurf World Cup ausgetragen wird, können auch Amateure Windsurfen, Wellensurfen, Kitesurfen, Stand Up Paddling und Wasserski in Einzelstunden oder Gruppenkursen lernen; Anfängerkurse finden an der ruhigeren Wattseite statt. Hier kann man sich auch privat sämtliches Wassersport-Equipment und die passende Ausrüstung ausleihen.

Adresse: Brandenburger Str. 15. [■]
Alter: Wellensurfen ab 6 J., Windsurfen ab 9 J., Kitesurfen ab 12 J.

Kosten: Windsurfen von 75,00 € (3 Std. Schnupperkurs) bis 185,00 € (9 Std. Anfängerkurs); Wellensurfen 95,00 € (5 Std. Anfängerkurs, 3x1 Std. Kinderkurs oder 5 Std. Aufbaukurs); Kitesurfen von 80,00 € (2 Std. Schnupperkurs) bis 240,00 € (6 Std. Anfängerkurs). **Tel.:** 04651-27172. **www.sunsetbeach.de**

b) Camp One in Wenningstedt

Diese unterhalb der Trampolinanlage und unweit der neuen „Gosch-Welle" gelegene Surfschule bietet Kurse für Anfänger (auf der Wattseite, ca. 5 km vor List) sowie für Fortgeschrittene (auf der Westseite) an. Eine Spezialität sind **Surfkurse für Kinder und Jugendliche** ab 9 Jahren, die mit einer VDWS-Prüfung mit Einweisung in Vorfahrtsregeln, Wasserrecht und Revierkunde abgeschlossen werden.
Adresse: Dünenstr. 33. [■] **Alter:** Ab 9 J. **Kosten:** Surfen: 200,00 € (10 Std., VDWS-Anfängerkurs); 190,00 € (8 Std., Fortgeschrittenenkurs); Kiten 270,00 € (6-8 Std.); Wellenreiten 190,00 € (10 Std.).
Tel.: 04651-43374. **www.surfschule-wenningstedt.de**

c) Syltsurfing in Munkmarsch

In der Schule des Surf-Weltmeisters **Calle Schmidt** werden seit über 30 Jahren Surfkurse gegeben; mittlerweile reicht die Auswahl von Windsurfing über (Cat-)Segeln und Golf bis Zumba. Wer sich einen Eindruck von diesen Sportarten machen möchte, kann einen der vielen **Schnupperkurse** buchen (z. B. Windsurfing: 50,00 € (3 Std.); Catsegeln: 95,00 € (2 Std.); Segeln: 75,00 € (2 Std.); Golf: 50,00 € (1 Std.). Die jüngsten Nachwuchssportler (6-13 J.) werden im **Surf-Junior-Kurs** (7 Std.) an den Sport herangeführt. Für Jugendliche ab 14 Jahren werden **Einsteiger- und Auf-**

baukurse (6 Std.) geboten, bei denen man z. B. das VDWS-Abzeichen erwerben kann. Die ruhigere Wattenmeer-Bucht in Munkmarsch bietet dabei das ideale Einsteigerrevier. Für die Altersgruppe der 6- bis 13-Jährigen werden zudem ein **Juniorsegelschein** und ein **Cat-Junior-Kurs** angeboten (je 10 Std.); ab 14 Jahren kann der Segelgrundschein bzw. die Cat-Lizenz erworben werden (je 12 Std.). Auch Stand Up Paddling und Wakeboarden werden angeboten.
Adresse: Bi Heef 4. **Alter:** Ab 6 J. (s. o.). **Kosten:** S. o. sowie Internet.
Tel.: 04651-935077. **www.syltsurfing.de**

d) Surfschule Südkap Surfing in Hörnum

In der südlichsten Surfschule der Insel wird neben einem Schnupperkurs Windsurfen und einem Level 1 Anfängerkurs ein viertägiger **Kids Kurs Windsurfen** angeboten, in dem Kinder täglich 2 Stunden in kleinen Gruppen und mit speziell auf Kinder abgestimmter Ausrüstung einen erfolgreichen Einstieg in den Surf-Sport erleben können. Geboten wird zudem ein flexibles **Familienprogramm**, in dem nicht nur verschiedene Altersstufen, sondern auch Wind- und Kitesurfen kombiniert werden können.
Adresse: An der Düne 333 [■] **Alter:** Ab 7 J. **Kosten:** 60,00 € (2 Std. Schnupperkurs), 250,00 € (je 4x2 Std. Level 1 Anfängerkurs, Kids Kurs Windsurfen und Aufbaukurs).
Tel.: 0176-71817177. **www.suedkap-surfing.com**

e) Kiteschule in List

Das Testcenter der Kiteschule Sylt befindet sich am Ellenbogen, dem nördlichsten Zipfel der Insel Sylt. Dort gibt es auch ein Stehrevier; Fortgeschrittene können das Revier an der Westseite nutzen. Geboten wird Gruppen- und Einzelunterricht.
Adresse: Ellenbogen. [■] **Alter:** Ab ca. 12 J. **Kosten:** 320,00 € (8-9 Std. Anfängerkurs., max. 3 Pers.).
Tel.: 0151-23341101. **www.kiteschule-sylt.de**

f) Katamaran-Segeln in Hörnum

Im Hörnumer Hafen liegt die Katamaran-Segelschule, in der Anfänger-, Aufbau- und Umsteigerkurse sowie Einzelunterricht angeboten werden. Erfahrene Segler können sich zudem einen Katamaran ausleihen. Es gibt zwar keine speziellen Kurse für Kinder bzw. Jugendliche, bei der Zusammenstellung der Gruppen wird jedoch auf die Altersstruktur geachtet.
Adresse: Hafenstraße. [■] **Alter:** Ab 12 J. **Kosten:** 250,00 € (10 Std. Anfängerkurs); 150,00 € (5 Std. Aufbaukurs); 210,00 € (8 Std. Umsteigerkurs); **Ausleihe:** 50,00 € (1 Std.).
Tel.: 0160-95937473. **www.sylter-catamaran-club.de**

g) Stand Up Paddling in Westerland

Mal stehend über das Wasser gleiten? In dem vom Syltness Center angebotenen 2-stündigen **Schnupperkurs** im Stand Up Paddling lernt man, aufrecht auf einem Surfbrett zu stehen und sich mit einem Stechpaddel fortzubewegen. Brett, Paddel und ggf. Neoprenanzug werden gestellt. Die Durchführung ist wind- und wetterabhängig.

Alter: Ab 14 J.; Bronze-Schwimmabzeichen erforderlich. **Kosten:** 45,00 €. **Infos:** S. S. 33 (Tipp zum Schwimmenlernen).

3. Reiten

Wer auf der Insel reiten möchte, kann zwischen insgesamt **8 Ställen** wählen. Reitunterricht wird z. B. in Keitum im **Grünhof** (Süderstr. 80, Tel.: 04651-31208) und im Reitstall **Hoffmann** (Gurtstig 46, Tel.: 04651-31563), in Morsum im Reiterhof **Lobach** (Litjmuasem 16, Tel.: 04651-890239) sowie in Tinnum im **Olivenhof** (Ingewai 40, Tel.: 04651-32906) und im Reitstall **Wiesengrund** (Zum Wiesengrund, Tel.: 04651-31600) grundsätzlich sowohl für Kinder als auch für Erwachsene angeboten. Bis auf den **Pferdehof Sylt** (Boy-Peter-Eben-Weg 4, Tinnum, Tel.: 04651-31895) können gelernte Reiter in den genannten Ställen auch **(Strand-)Ausritte** buchen. Besonders auf Kinder eingestellt ist **Bodil´s Ponyfarm** in Wenningstedt-Braderup. Dort können sie beim Ponyreiten im Schritttempo oder beim Voltigieren erste Erfah-

rungen auf dem Pferderücken sammeln. Für Fortgeschrittene werden Reitunterricht und Ausritte angeboten. Und wer noch länger auf dem Hof bleiben möchte, kann als **Tageskind** den ganzen Tag bei seinen Lieblingen verweilen (s. S. 71 f.).

Adresse: Terpwai 14, 25996 Wenningstedt-Braderup. [■] **Öffnungszeiten:** In der Saison 10.00-12.00 u. 15.00-18.00 Uhr, ansonsten 15.00-17.00 Uhr sowie nach Absprache; Ponyreiten in der Saison tägl. 15.00-17.00 Uhr. **Kosten:** 10,00 € für 15 Min. Ponyreiten, ansonsten auf Nachfrage. **Tel.:** 04651-42444. **www.bodils-landhaus-sylt.de**

4. Fahrradfahren

Auf der Insel laden über **300 km Radwege** zu naturnahen Erkundungsfahrten ein. Bevor man zu einer längeren Tour (insbesondere mit Kindern) aufbricht, sollte man allerdings auf die **Windrichtung** achten. Denn wenn man auf dem Hinweg Rückenwind hat, wird oft unterschätzt, wie viel länger und anstrengender der Rückweg mit Gegenwind sein kann. Wer dabei auf dem Rückweg lieber ganz auf das Strampeln verzichten möchte, kann auch zusammen mit dem Fahrrad **Bus** fahren. Bei den meisten Bussen gibt es die Möglichkeit, die Fahrräder hinten auf den Bus zu schnallen. In der Hochsaison geht man dabei allerdings das Risiko ein, dass alle Fahrradplätze belegt sein können. Zu bedenken ist auch, dass die Fahrgäste ihre Räder selbst auf dem Bus befestigen und wieder herunterholen müssen.

Wenn das (Kinder-)Fahrrad nicht mehr auf das eigene Auto oder in den Zug passt, gibt es auf der Insel eine große Auswahl von **Fahrradverleihen**. Das größte Angebot ist in Westerland zu finden, gefolgt von Wenningstedt-Braderup und Tinnum. In List und Hörnum gibt es jeweils einen Anbieter. Die meisten Verleiher haben auch ein **spezielles Angebot für Kinder**, das vom Kinderfahrrad über den Kindersitz bzw. Anhänger bis zum Babyjogger reicht (z. B. das Angebot von Velo-Quick in Westerland, s. S. 16). Da dieses Equipment jedoch meist nur in begrenzter Zahl zur Verfügung steht, empfiehlt es sich - insbesondere in der Hochsaison - rechtzeitig zu reservieren. Dabei kann man auch gleich fragen, ob der Betrieb einen **Lieferservice** hat, denn manche Verleihe liefern die Räder direkt zum Feriendomizil. In **preislicher Hinsicht** muss man pro Tag mit 7,00 € bis 10,00 € für ein Erwachsenenfahrrad und mit 3,00 € bis 5,00 € für ein Kinderfahrrad rechnen; bucht man eine ganze Woche, wird der Tagespreis günstiger.

5. Fußball

Auf der Insel existieren unzählige Gelegenheiten zum Fußballspielen, häufig auch angrenzend an Spielplätze (s. S. 24 ff.). „Richtige" Plätze gibt es

in Westerland (Syltstadion) und zwischen Wenningstedt und Kampen (direkt neben dem Leuchtturm).

Attraktiv für junge Fußballfans ist insbesondere das im Sommer von der **Rummenigge Fußballschule** in Westerland angebotene Programm. Dort können Kinder und Jugendliche im Juli und August sowie im Oktober jeweils einen 5-tägigen Kurs belegen und täglich 2 Stunden Kicken. Highlights der Fußballschule sind das Rummenigge Fußball Abzeichen und der einzigartige Soccer Fun Park. Mit diesem Fußball-Erlebnis-Park wird Spaß, Action und Training gleichermaßen geboten. **Frühzeitige Anmeldung empfohlen.**

Adresse: Syltstadion: Fischerweg 1. [■] **Alter:** Ab 6 J. **Termine:** Mo.-Fr. jeweils vormittags 2 Std.; Do. zusätzlich 18.00-21.00 Uhr Grillabend und Siegerehrung mit Kindern, Eltern und Trainern im Dorint Strandresort & Spa (s. auch S. 75). Die jeweiligen Kursbeginne sind auf der Internetseite oder telefonisch zu erfahren. **Kosten:** 185,00 € (inkl. Adidas-Trikot, -Short und -Stutzen, Grillabend, Urkunde, Pokal und Autogramme).

Tel.: 0172-5720975. **www.fussball-schule.de**

6. Tennis

a) Tennisclub Westerland e.V.

Dieser zwischen Westerland und Tinnum gelegene Club ist mit **3 Hallen- und 10 Außenplätzen** die größte Tennisanlage der Insel und als einzige ganzjährig geöffnet. Während der Sommerferien wird für Kinder ein spezielles **Feriencamp** angeboten. Dabei können jeweils 4 bis 6 Kinder in (nach Alter und Spielniveau aufgeteilten) Gruppen für eine Woche täglich 2 Stunden mit einem Trainer verbringen. Wer den Trainer lieber für sich haben bzw. nur mit einer anderen Person teilen möchte, kann auch entsprechende Einzel- bzw. Zweierstunden buchen. Diejenigen, die gar keinen Trainer mehr brauchen, können die Plätze natürlich auch ohne Trainer buchen. **Anmeldung erbeten. Adresse:** Am Seedeich 38. [■] **Alter:** Ferienkamp: Ab 7 J.; Einzelstunde nach Rücksprache.

Kosten: 200,00 € (1 Wo. Ferienkamp mit 5x2 Std.); 53,00 € (55 Min. Einzelstd. inkl. Platzmiete, bei 2 Spielern 60,00 €). Die reinen Platzmieten variieren zeit-

abhängig von 16,00 € bis 19,00 € für die Außen- und 18,00 € bis 28,00 € für die Hallenplätze.
Tel.: 04651-6729. **www.tennisclub-westerland.de**

b) Tennisanlage Rantum
Diese Anlage liegt idyllisch zwischen dem Wattenmeer und der Minigolfanlage am Rantumer Hafen; Schläger und Bälle können bei Bedarf ausgeliehen werden.
Adresse: Hafenstr. 12. [■] **Öffnungszeiten:** Ostern-Okt.
Kosten: 8,00 € (1 Std. Platzmiete). **Tel.:** 04651-22584.

7. Golf
a) Marine-Golf-Club und Golfakademie in Westerland
Die Golfakademie Andreas Strandberg bietet zu Ostern und Pfingsten sowie von Juni bis August im Marine-Golf-Club spezielle **Jugendwochen** an. Auf dem 18-Loch-Platz wird Golfspielen in kindgerechter Form erlernt; der Erwerb des DGV-Abzeichens in Bronze, Silber und Gold ist möglich. Fortgeschrittene können ihre Fähigkeiten im Jungendleistungskurs vertiefen und erweitern.
Adresse: Flughafen 69. [■] **Alter:** 8-14 J.
Kurszeiten: Mo.-Do. 9.00-11.00 Uhr. **Kosten:** 165,00 €; nur Greenfee 40,00 € bis 70,00 € (18 Loch) bzw. 25,00 € bis 40,00 € (9-Loch).
Tel.: 04651-927575 (Club) und 04651-449127 (Akademie).
www.golf-sylt.de und **www.golfakademie-strandberg.de**

b) Golfclub Sylt e.V. in Wenningstedt und Golf-Academy
Dieser 18-Loch-Golfplatz liegt inmitten von bronzezeitlichen Grabanlagen. Für Anfänger ideal ist auch der angrenzende 6-Loch-Kursplatz. In der Golf-Academy von Allan Owen werden im Juli und August **Kurse für Kinder und Jugendliche** angeboten, in denen sie alle nötigen Fertigkeiten zum Bestehen des DGV-Kindergolfabzeichens lernen. Am Ende einer aus 4x120 Minuten bestehenden Trainingseinheit wird die Prüfung in Bronze, Silber oder Gold abgelegt.
Adresse: Norderweg 5 (beim Kampener Leuchtturm). [■] **Alter:** 6-15 J.
Kurszeiten: Juli-Aug. Di.-Fr. 10.30-12.30 Uhr (6- bis 10-Jährige) u. 16.00-18.00 Uhr (11- bis 15-Jährige).
Kosten: 205,00 € (inkl. Rangefee, Leihschläger, Videobenutzung, Bälle und Begrüßungsgeschenk).
Tel.: 04651-9959810 (Club) und 04651-9954831 (Academy).
www.golfclubsylt.de und **www.sylter-golfakademie.de**

c) Golfclub Budersand in Hörnum

Ganz im Süden der Insel liegt diese neue 18-Loch-Anlage direkt neben dem gleichnamigen Luxushotel und bietet einen tollen Blick über den Hafen und auf das Wattenmeer. 2010 wurde der Platz zum drittbesten in Deutschland gewählt. Das Golfen zwischen den Meeren wird hier einzigartig erlebbar, setzt jedoch auch ein gewisses Können voraus. Empfohlen wird eine Stammvorgabe von -28. Als Mindeststammvorgabe ist -36 erforderlich (nicht für Hotelgäste). Spezielle Kinderkurse werden nicht angeboten. Es ist jedoch möglich, dass Kinder Einzelunterricht erhalten. **Adresse:** Hangstr. 1b. [■] **Alter:** Nach Absprache. **Kosten:** ab 30,00 € (30 Min. Einzelunterricht) bzw. ab 350,00 € (Kurse). **Greenfee:** 70.00 € bzw. 40,00 € (Erw. für 18 bzw. 9 Loch); 55,00 € bzw. 30,00 € (Jugendliche unter 18 J.). **Tel.:** 04651-4492710. **www.budersand.de**

d) Golfclub Morsum auf Sylt e.V.

Der von der Mitgliederzahl kleinste und östlichste Club der Insel bietet einen 18-Loch-Platz. Erforderlich ist ein Handycap unter 32. Spezielle Kinderkurse werden nicht angeboten. **Vorherige Anmeldung erbeten. Adresse:** Uasterhörn 37. [■] **Kosten:** 85,00 € (Erw.); 40,00 € (Ki. und Jugendliche). **Tel.:** 04651-890387. **www.golf-morsum.de**

8. Minigolf

Auf der Insel stehen 3 Minigolf Anlagen zur Verfügung; für Kinder gibt es jeweils spezielle **Kinderschläger** (abhängig von der Körpergröße). Im Vergleich zu anderen Sportarten kann man für relativ wenig Geld spontan mehrere Stunden Familienspaß haben.

a) Miniatur-Golf Wenningstedt

Adresse: Dünenstr. 24a, Ecke Mittelweg (neben dem Parkplatz). [■] **Öffnungszeiten:** Ostern-Okt. 11.00-18.00 Uhr, im Hochsommer bis 21.00 Uhr. **Kosten:** 3,00 € (Erw.), 2,00 € (Ki.). **Tel.:** 04651-8358638.

Tipp:

Neben dem Minigolfplatz kann man kostenlos Schach, Mühle, Dame und Mensch-Ärgere-Dich-Nicht im Riesenformat spielen.

b) in Westerland

Adresse: Gaadt 33. [■] **Öffnungszeiten:** 10.00-18.00 Uhr. **Kosten:** 4,50 € (Erw.), 3,50 € (Ki.); bezahlt wird an der Kasse des Sylt Aquariums. **Tel.:** 04651-8362522.

c) Minigolf in Rantum

Adresse: Hafenstr. 12. [■]
Öffnungszeiten: Ab 10.00 Uhr bis zum Einbruch der Dunkelheit. **Kosten:** 3,00 € (Erw.), 2,00 € (Ki. bis 14 J.). **Tel.:** 04651-22584.
Hinter dem Minigolfplatz liegt die Tennisanlage Rantum (s. S. 41).

9. Beachvolleyball

Im Sommer findet man kaum einen bewachten Badestrand, an dem nicht begeistert Volleyball gespielt wird. Meist bestehen die Teams aus Vertretern jeden Alters und Könnens. In der Hochsaison wird sogar eine Meisterschaft ausgetragen. Auskunft erteilt der TSV Westerland (Tel.: 04651-21550) und der SC Norddörfer (Tel.: 04651-42711). Eine gute Gelegenheit zum Beachvolleyballspielen bietet auch der Fun Beach (s. S. 64).

10. Bowling

Im Lucky´s Bowling-Center Sylt gibt es für Kinder eine in Schleswig-Holstein einmalige Besonderheit: 2 sog. **Microbowlingbahnen**. Diese sind kürzer als die üblichen Bowlingbahnen und werden mit kleineren Kugeln bespielt, die anders als die großen Bowlingkugeln auch keine Grifflöcher haben. Die Kugeln sind für den Nachwuchs leichter zu greifen und zu werfen und bergen weniger Verletzungsgefahren. Außer Bowling gibt es auch Billardtische, Kicker, Dart und Air-Hockey sowie ein Gastronomieangebot, bei dem sowohl typische US-Köstlichkeiten als auch traditionelle deutsche Küche im Mittelpunkt stehen.

Adresse: Industrieweg 10, Westerland. [■] **Alter:** Ab ca. 5 J. **Öffnungszeiten:** 15.00-24.00 Uhr, So. ab 11.00 Uhr; in der Nebensaison So. erst ab 14.00 Uhr und Mo. geschl. **Kosten:** 11,00 € (1 Std. pro Bahn bis 19.00 Uhr), 19,00 € (1 Std. pro Bahn ab

19.00 Uhr); kommt man ab 20 Uhr und spielt länger als 1 Std., wird für die gesamte restliche Zeit nur noch eine Pauschale von 6,00 € erhoben. Auf jeder Bahn können bis zu 6 Pers. spielen. Hinzu kommt jeweils die Leihgebühr von 1,60 € für die Schuhe. **Tel.:** 04651-986898. **www.luckys-sylt.de**

11. Trampolinspringen

Junge Hüpfer kommen auf der Insel voll auf ihre Kosten. Auf und nieder, immer wieder. Davon können kleine Hopswunder eigentlich nie genug bekommen – spezielle Altersvorgaben gibt es grundsätzlich nicht.

a) Wenningstedt

Diese Anlage liegt in attraktiver Lage an der Wenningstedter Promenade - wer besonders hoch hüpft, kann sogar einen Blick auf die Nordsee erhaschen. Während sich die Kleinen austoben, können die Großen einen Kaffee oder einen Snack an dem Kiosk der Kartoffelkiste oder (auf der Rückseite des gleichen Hauses) einen leckeren Crêpe genießen. Seit dem Herbst 2012 kann man zudem direkt gegenüber die neueste Lokalität von Gosch testen.
Adresse: Dünenstr. 17a. [■] **Öffnungszeiten:** April-Nov. ab 10.00 Uhr. **Kosten:** 1,00 € (5 Min.), 2,00 € (10 Min.), 3,00 € (20 Min.), 4,00 € (30 Min.). **Tel.:** 04651-943083.

b) Westerland

Neben der Villa Kunterbunt (s. S. 83) und dem Spielplatz (s. S. 24) können die jungen Hüpfer in Westerland **kostenlos** auf einem neuartigen Springkissen - einer Mischung aus Trampolin und Hüpfburg - herumtollen. Das 6x6 Meter große Springkissen wird von Gummimatten umgeben, so dass man immer weich fällt. Ein Gebläse hält den Druck im Kissen dauerhaft konstant – bis es um 19 Uhr ausgeschaltet wird. Einzige Bedingung: Die Schuhe sind vor dem Hüpfen auszuziehen.
Adresse: Obere Strandpromenade.
Öffnungszeiten: April-Okt. 9.00-19.00 Uhr.

c) Hörnum

Direkt am Kinder(ost)strand (s. S. 20 f.) und unterhalb des Leuchtturms gelegen steht ein **„Trampolinkäfig“**, der einem die einmalige Kombination von Strand, Meerblick und Trampolinspringen ermöglicht. Gezahlt wird in einem Häuschen auf der Promenade, wo man auch **Minigolf-Billard** spielen kann.

Adresse: Strandpromenade. [■] **Öffnungszeiten:** April-Okt. 11.00-17.00 Uhr. **Kosten:** 1,00 € (5 Min.), 2,00 € (10 Min.). **Tel.:** 0160-5881010.

d) Rantum

Zwischen dem Dorfhotel und dem Rantumer Hafen liegt das **Restaurant Der Pate**, in dem Pizza, Pasta und Steaks angeboten werden. Im „Vorgarten“ dieses Restaurants befindet sich eine Trampolin-Anlage mit insgesamt 6 Trampolinen. **Adresse:** Hafenstr. 4. [■] **Öffnungszeiten:** 12.00-22.00 Uhr, Nov.-März: 16.00-22.00 Uhr; Mi. Ruhetag. **Kosten:** 1,00 € (5 Min.), 2,00 € (10 Min.). **Tel.:** 04651-9576000. **www.derpate-sylt.de**

12. Bungee-Trampolin

a) Obere Kurpromenade Westerland und Lister Hafen

Der Veranstalter I. D. Sports and Fun baut zwischen Ostern und Herbst 2 Bungee-Trampoline auf der Insel auf. Dort können Kinder mit speziellen Gurten gesichert

und an einem Seil festgemacht in die Lüfte springen und verrückte Loops und Salti ausprobieren.
Adresse: Obere Promenade in Westerland (vor dem Restaurant Luzifer, s. S. 74 f.) und am Hafen in List (hinter Gosch). [■] **Alter:** Ab 3 J. **Öffnungszeiten:** Ostern-Okt. bei trockenem Wetter 10.00-22.00 Uhr. **Kosten:** 5,00 € (5 Min.). **Tel.:** 04524-703040 und 0175-5501467.

c) Norddörfer-Halle

Eine weitere Anlage befindet sich in Wenningstedt-Braderup neben der Mini Cross Anlage (s. u.).
Adresse: Gaadt. [■] **Alter:** Ab 6 J. **Öffnungszeiten:** Oster-, Sommer- u. Herbstferien bei trockenem Wetter 10.00-13.00 u. 15.00-20.00 Uhr. **Kosten:** 5,00 € (6 Min.). **Tel.:** 04651-2997683.

13. Mini Cross Sylt

Wenn die Zeiten des Trettreckers vorbei sind und eine gewisse Abenteuerlust dazu kommt, ist man auf der Kindermotorradbahn gut aufgehoben. Dort können die (nicht mehr ganz) Kleinen mal richtig Gas geben. Damit der Spaß eine sichere Sache ist, polstern Luftkissenleitplanken und Strohballen die Strecke, und Helme schützen die Köpfe der kleinen Rennfahrer. Zudem empfiehlt es sich, auch bei warmem Wetter mit langen Hosen und festen Schuhen zu kommen – aber dann kann´s losgehen; Erwachsene dürfen auch mal. Helme gibt es vor Ort. **Adresse, Alter** und **Öffnungszeiten:** S. o. (Bungee-Trampolin an der Norddörfer Halle).
Kosten: 10,00 € (10 Min.). **Tel.:** 0171-8369026. **www.mini-cross.de**

14. Bogenbau

Zwischen Tinnum und Keitum gelegen bietet die Youksakka Bow and Funcompany seit vielen Jahren Kurse für Kinder, Jugendliche und Erwachsene im traditionellen Bogenbau an. In Anlehnung an historische Vorbilder werden die Grundlagen des Bogenbaus vermittelt. Die Teilnehmer können ihre eigenen hochwertigen Vollholzbögen, jeweils abgestimmt auf die individuelle Körpergröße, herstellen und natürlich auch ausprobieren. Angeboten werden verschiedene Kurse ab 4 Std., Einzel- und Gruppentraining sowie Schnupperkurse. Sonntags ab 15.00 Uhr gibt es ein „Spaßturnier für Jedermann."

Adresse: Keitumer Landstraße (am Sportzentrum). [■] **Alter:** Bogenbau 1 und 2 ab 6 J., Bogenbau 3 ab 14 J. **Öffnungszeiten:** In der Saison 12.00-18.00 Uhr, ansonsten nach Absprache. **Kosten:** 5,00 € (Schnupperkurs); ansonsten ab 55,00 € (4 Std. Bogenbau) bis 430,00 € (3 x 4 Std. Bogenbau 4). **Tel.:** 0177-8027309. **www.youksakka.de**

15. Wattwanderungen

In mehreren Orten werden spezielle Wattwanderungen für Familien angeboten. Die Führungen sind teilweise kürzer als die anderen Touren (ca. 60 bis 90 Min., in List ca. 2 Std.), und man entfernt sich nicht ganz so weit von der Küste. Zudem versuchen die Führer, die Besonderheiten des Wattenmeers und die komplexe Materie Ebbe und Flut auch für Kinder und Jugendliche anschaulich und nachvollziehbar darzustellen. Je nach Jahreszeit und Wetter werden Gummistiefel (außer in Keitum) und wetterfeste Kleidung empfohlen.

Vorherige Reservierung bzw. Kartenkauf erforderlich.

Alter: List ab 4 J.; Keitum ab 6 J., ansonsten ab 3 J. (jeweils in Begleitung eines Erw.). **Kosten:** 6,00 bis 7,00 € (Erw.), 3,00 bis 5,00 € (Ki.); bei den Führungen der Schutzstation Wattenmeer in Hörnum besteht lediglich eine Spendenempfehlung (s. S. 69). **Termine und Treffpunkte:** In der Tageszeitung Sylter Rundschau, in der TV Sylt sowie im Internet nachzulesen (s. S. 17) bzw. telefonisch beim Veranstalter zu erfragen. **Tel.:** Hörnum: 04651-96260 und 04651-881093 (Schutzstation Wattenmeer); Braderup (für die Wanderung in Kampen) 04651- 44421 (Schutzstation Wattenmeer); List: 04651-95200; Keitum und Morsum: 04651-8358525.

16. Drachensteigen

Um den Flugverkehr nicht zu behindern, ist die Nutzung von Drachen ausschließlich an folgenden Strandabschnitten gestattet:

- Strandabschnitt 49 in Westerland (Übergang Himmelsleiter).
- Nördlich des Hundestrandes 15 H (nördlich vom Campingplatz Rantum).
- Zwischen Samoa und Sansibar außerhalb der Bade- und Strandkorbbereiche (zwischen Rantum und Hörnum).
- Südlich des Parkplatzes Sansibar 2 (zwischen Rantum und Hörnum).

Auch an diesen Strandabschnitten gilt, dass die maximale Steighöhe des Drachens nicht mehr als 30 m und die maximale Seillänge höchstens 50 m betragen darf.

Streng verboten ist das Drachensteigenlassen an den Westerländer Strandabschnitten 4.82 bis 4.11, da diese in der Flugkontrollzone liegen; wer dort trotzdem Drachen steigen lässt, kann ordnungs- und strafrechtlich sanktioniert werden! Bei Fragen gibt der ISTS (s. S. 16 f.) Auskunft.

17. Fallschirmspringen

Wer Sylt einmal von oben betrachten möchte und kein Problem mit Höhen hat, kann sich bei einem Tandem-Sprung ein ganz besonderes Urlaubserlebnis schaffen.

Adresse: Flughafenstr. 1, Tinnum (Halle 74) [■] Alter: Ab 10 J. und einer Körpergröße von mindestens 1.40 m.

Öffnungszeiten: April-Okt. 9.00-19.30 Uhr; Durchführung der Sprünge ist wetterabhängig. **Kosten:** 220,00 bis 250,00 €.

Tel.: 0173-2160121 und 04308-183548. **www.seventhsky.de**

18. Zumba for Kids

Ausblick: Zum Sommer 2013 soll ein neuer Zumba-Kurs in das Programm des Syltness Centers aufgenommen werden, der speziell auf Kinder und Jugendliche ausgerichtet ist. In dem wunderschönen Kursraum im Obergeschoss können kleine und große Tänzer sowohl viel Spaß bei der Bewegung als auch einen unvergleichlichen Blick auf die Nordsee genießen.

Alter: Ab 6 J. **Kosten:** 8,00 €. **Infos:** S. S. 33 (Tipp zum Schwimmenlernen).

IV. Ausflugsziele

1. Aquarium in Westerland

Das perfekte Ausflugsziel für Regentage: In diesem Aquarium findet man die Schönheiten von 2 ganz unterschiedlichen Lebensräumen: Die Nordsee und die tropischen Meereswelten. In **18 Schaubecken** kann man über 1.000 heimische Meeresbewohner und im Bereich der tropischen Gewässer die mehr als 500.000 Liter umfassende spektakuläre Korallenwelt bewundern. In einem Tunnel und einem Amphie-Theater-Becken treffen farbenfrohe Tropenfische auf Zitronen-, Riff- und Zebrahaie. Die gesamte Anlage ist durch die oft bodentief angebrachten Becken und großen Glasscheiben auch für kleine Meeresforscher gut geeignet. Außer sonntags werden zudem tägl. um 15.00 Uhr **Schaufütterungen** angeboten. **Adresse**: Gaadt 33. [■] **Alter**: Keine Vorgaben. **Öffnungszeiten**: 10.00-18.00 Uhr. Kosten: 13,50 € (Erw.), 10,00 € (Ki.); Hunde 1,50 €; Familienkarten 35,50 € (2 Erw. u. 2 Ki.) oder 42,00 € (2 Erw. u. 3 Ki.). **Tel.**: 04651-8362522. **www.syltaquarium.de**

Tipps:

Wer ab 16.00 Uhr kommt und eine gültige Gästekarte vorzeigt, bekommt 1,00 € Rabatt auf den Eintrittspreis. Vergünstigungen bietet auch das Insel-Ticket (s. S. 22).

Preislich attraktiv sind auch die von den Adler-Schiffen angebotenen sog. Rundum-Sorglos-Pakete, bei denen verschiedene Attraktionen wie z. B. der Besuch des Aquariums und eine Fahrt zu den Seehundsbänken (s. S. 53) kombiniert werden. Infos unter Tel. 01805-123344 oder www.adler-schiffe.de

Wer mit dem Bus an- und abreist, kann für 16,00 € (Erw.) bzw. 12,50 € (Ki) sowie 44,40 € (2 Erw. und 2 Ki.) das Ticket Sylt Aquarium der SVG wählen. www.svg-sylt.de

2. Erlebniszentrum Naturgewalten in List

Dieses 2009 eröffnete und am Rande des Lister Hafens gelegene Haus ist ein weiteres **Top-Ausflugsziel für Familien**. Auf ca. 1500 qm werden kleine und große Wunder zum Thema Klima, Wetter und Forschung anschaulich und interaktiv erklärt. Jeder Besucher wird mit einem **eigenen Kopfhörer** ausgestattet und kann in seinem Tempo von Infopunkt zu Infopunkt gehen. Dort verbindet man seinen Kopfhörer mit einem Kontaktschalter und bekommt entsprechende Erklärungen in Deutsch, Englisch oder Dänisch. Toll ist, dass es daneben auch eine extra **Kinderversion** (auf Deutsch) gibt, die die teilweise komplexen Themen kindgerecht und anschaulich beschreibt. So erzählen z. B. Zeitzeugen von ihren Erfahrungen mit Stürmen und Sturmfluten an der Nordsee, und der Anstieg des Meeresspiegels wird anschaulich dargestellt. Simulationen machen zudem komplexe Themen wie Ebbe und Flut sowie die Entstehung von Wind und Wellen verständlich. So kann man z. B. durch das Drücken von Tasten den Meeresspiegel um Sylt herum steigen lassen oder Windstärken vorgeben, um dann zu beobachten, wie aus zuvor glattem Wasser in einem langen Becken Wellen entstehen. Eindrucksvoll sind auch der **Sturmraum**, der diverse Windstärken fühlbar macht sowie der **Watt-Tunnel**, der die Welt aus Sicht der Watttiere darstellt. Zudem gibt es spezielle interaktive Exponate, die besonders auf die Bedürfnisse der Kinder eingehen und zum Spielen und Verstehen einladen.

Abgerundet wird das Angebot durch eine Dachterrasse mit herrlichem Ausblick, ein Restaurant mit regionalen Köstlichkeiten, einen 800 qm großen Außenspielplatz mit Klettergerüst, Rutsche und Wasserpumpen, ein (überdachtes) Seetierbecken und ein Souvenirshop, an dem man selbst als Erwachsener schwer vorbeikommt.

Tipp:

Die Eintrittskarte gilt immer für einen ganzen Tag, d.h. wenn eine Wissensüberflutung oder eine Unterzuckerung drohen, kann man die Ausstellung verlassen und z. B. im angrenzenden Restaurant oder im Hafen neue Kräfte sammeln, um dann gestärkt und wieder aufnahmebereit ins Museum zurückzukehren. Auch der museumseigene Spielplatz sowie der Außenbereich mit Picknickbänken bieten sich für eine entspannte und kostenfreie Pause mit Kindern an.

Preislich attraktiv sind die sog. Rundum-Sorglos-Pakete (z. B. Kombination von Naturgewalten und Schiffstour zu den Seehundsbänken, s. S. 53).

Wer mit dem Bus an- und abreist, kann bei der SVG für 18,70 € (Erw.), 29,50 € (1 Erw. und 1 Ki.), 39,00 € (1 Erw. und 2 Ki.) sowie 48,50 € (2 Erw. und 3 Ki.) das Ticket Naturgewalten List erwerben. www.svg-sylt.de

Adresse: Hafenstr. 37. [■] **Alter:** Keine offizielle Vorgabe; geeignet für Kinder ab ca. 4 J.
Öffnungszeiten: 10.00-18.00 Uhr, Juli u. Aug. bis 20.00 Uhr.
Kosten: 12,00 € (Erw.), 8,00 € (Ki. von 4-14 J.), Familienkarte 33,00 € (2 Erw. und bis zu 3 Ki.). Beim Kartenkauf ist die Gästekarte (s. S. 16 f.) vorzuzeigen, ansonsten verteuern sich die Eintrittspreise um 1,00 € bis 3,00 €.
Tel.: 04651-836190. **www.naturgewalten-sylt.de**

3. Schiffsfahrten

a) Piratenfahrt, Seehundsbänke und andere nordfriesische Inseln

Besonderes Highlight für die 4- bis 8-Jährigen ist die **Piratenfahrt**, bei der die Kinder (nur in Begleitung eines Erwachsenen) für 2 Stunden zu echten Piraten werden können. Noch im Lister Hafen werden die Hilfspiraten vom Piratenkapitän eingekleidet und bewaffnet. Anschließend wird die Gret Palucca geentert und die Piratenfahne gehisst. Unterwegs gibt es ein großes Piratenspektakel mit Mutproben, Meuterei, Schatzsuche und einem zünftigen Bordschluck. Auch die „Verwachsenen" sind willkommen und müssen – ob gewollt oder nicht – mitspielen.

Beschaulicher und naturnäher ist die schöne Fahrt zu den **Seehundsbänken mit Seetierfang**. Dabei kann man den Fischern bei der Arbeit zusehen, und wer mag, darf die „Beute" auch mal anfassen.

Wer neben Sylt auch noch andere Inseln kennenlernen möchte, kann z. B. Touren nach **Amrum, Föhr, Langeneß oder Hallig Hooge** machen. Wander- und Wattenmeerfreunde können auch mit dem Schiff von Hörnum nach Amrum oder Föhr fahren und dann mit fachkundigen Führern **zu Fuß durchs Watt** zur jeweils anderen Insel wandern; ein schönes Erlebnis vor allem für größere Kinder und Jugendliche.

Piratenfahrt: Mai-Okt.: Di. u. Fr., im Juli u. Aug. tägl. außer So., ansonsten wechselnde Termine; Abfahrt jeweils 16.15 Uhr ab List. **Kosten:** 20,50 € (Erw.) 15,50 € (Ki.) Tickets nur im Vorverkauf.

Sonstige Touren: Seehundsbänke mehrmals tägl. ab List [■] und Hörnum [■]; Fahrten zu den anderen Inseln vormittags ab Hörnum. **Kosten:** Seehundsbänke: 17,00 € (Erw.), 13,50 € (Ki.); andere Touren zwischen 17,00 € und 41,00 € (Erw.). Bei den meisten Fahrten werden auch vergünstigte **Familientickets** angeboten, die für 2 Erw. und max. 3 Ki. gültig sind. Bei den Fahrten nach Amrum und Föhr sind Ki. bis 14 J. z. T. frei, wenn 2 Erw. Tagesrückfahrkarten erwerben.

Tel.: 01805-123344 und 04651-98700 (Piratenfahrt). **www. adler-schiffe.de**

Tipp:

Wer mit dem Autozug angereist ist, erhält gegen Vorlage der Fahrkarte 15 % Rabatt auf die Touren nach Amrum, Föhr, Hooge und Gröde.

Siehe auch die sog. Rundum-Sorglos-Pakete, bei denen verschiedene Attraktionen wie z. B. das Erlebniszentrum Naturgewalten (s. S. 51) oder das Aquarium (s. S. 50) mit Schiffsfahrten kombiniert werden.

b) Legoland in Dänemark

Die Sylter Verkehrsgesellschaft (SVG) bietet im Sommer eine **Tagestour** zum Legoland nach Dänemark an. Los geht es mit dem Bus in Westerland (ggf. kann auch in List zugestiegen werden), von List aus fährt man dann mit der **Fähre** nach Dänemark und weiter mit dem **Bus** direkt zum Legoland. Dort hat man ca. 5 ½ Stunden Aufenthalt.

Zeiten: Juni-Aug. 1x pro Wo.; zusätzliche Termine im Sept.; Abfahrt 6.45 Uhr in Westerland; Rückkehr gegen 19.00 Uhr. **Alter**: Keine offizielle Vorgabe. **Kosten**: 51,50 € (Erw.), 42,50 € (Ki. 3-14 J.), jeweils inkl. Eintritt in das Legoland. **Tel.**: 04651-836100. **www.svg-busreisen.de**

Gültiger Personalausweis erforderlich! Die Tickets müssen bis 16.00 Uhr des Vortages gekauft werden. Sie sind erhältlich am SVG-Pavillon am Bahnhofsvorplatz und am ZOB-Gebäude in Westerland sowie im Internet.

Alternativ kann man auch mit dem **Privatwagen** die Fähre von List nach Rømø nutzen und die ca. 100 km bis in das Legoland selbst fahren. Dies hat den Vorteil, dass man zeitlich flexibler ist, dafür zahlt man – abhängig von der Personenzahl – eher mehr (Eintritt in das Legoland kostet regulär 39,50 € (Erw.) und 35,00 € (Ki. 3-11 J.), günstiger unter www.legoland.de) zuzüglich der Kosten für die Fähre, s. S. 14).

c) Helgoland

Per Zug, Bus, Schiff und zu Fuß - bei dieser Tagestour kommen erlebnishungrige Frühaufsteher voll auf ihre Kosten: Von Westerland geht es mit dem Zug nach Niebüll, dann mit dem Bus nach Büsum und von dort mit dem Schiff Funny Girl nach Helgoland. Nach einem ca. 4-stündigen Aufenthalt geht es auf dem gleichen Weg zurück nach Sylt.

Zeiten: Mai-Sept. 1x wöchentl.; **Abfahrt**: 6.52 Uhr am Hbf Westerland; Rückkehr gegen 19.00 Uhr.

Kosten: 54,00 € (Erw.), 44,00 € (Ki.). **Infos**: S. o. (Fahrt ins Legoland).

4. Die Häfen in List und Hörnum

Ein absolutes Muss bei jedem Sylt-Urlaub ist ein Besuch der Häfen in List und Hörnum.

a) List

Insbesondere der Lister Hafen hat sich in den letzten Jahren immer mehr zu einer Art „Dauer-Event“ entwickelt. Was ursprünglich mit einer kleinen Fischbude anfing, ist heute ein Zentrum von zahlreichen Geschäften, Restaurants und Cafés. In der **Tonnenhalle** herrscht eine marktähnliche Atmosphäre, und bei Gosch, der nördlichsten Fischbude Deutschlands, ist immer Partystimmung. Vom Lister Hafen aus starten auch zahlreiche **Schiffstouren** einschließlich der **Piratenfahrt** (s. S. 53) sowie die Fähre nach Rømø (s. S. 14). Familienfreundlich ist auch der große Parkplatz sowie der Spielplatz (s. S. 29). [■]

b) Hörnum

Der Hafen in Hörnum hat in den letzten Jahren eine beeindruckende Entwicklung vollzogen, auch wenn es dort im Vergleich zu List immer noch etwas beschaulicher und authentischer zugeht. Wer Glück hat, kann sogar das Einlaufen eines Fischerboots oder die **zahme Robbe Willi** im Hafenbecken beobachten. Für das leibliche Wohl sorgen Fisch- und Crêpe-Buden. Auch von Hörnum aus starten zahlreiche **Schiffstouren** (s. S. 53 ff.). Zudem gibt es eine schöne Strandpromenade mit weiteren Unterhaltungsmöglichkeiten (z. B. Trampolin und Catan-Mobil, s. S. 44 f. und S. 64) und einen besonders bei kleineren Kindern beliebten **Strand** (s. S. 20). Geparkt werden kann auf einem größeren, zwischen Strandpromenade und Hafen gelegenen Parkplatz (parkscheinpflichtig). [■]

5. Tierpark in Tinnum

In diesem ca. 30.000 qm großen privaten Tierpark, der mit viel persönlichem Engagement gepflegt wird, kann man insgesamt 400 einheimische

und exotische Tiere bewundern. In der Mitte des Parks befindet sich ein kleiner See, auf dem man **kostenlos Tretboot** fahren kann. Auch der obligatorische Spielplatz sowie ein kleiner Gastronomiebetrieb sind vorhanden.

Adresse: Ringweg 100. [■] **Alter:** Keine offizielle Vorgabe; gut geeignet für Kinder zwischen 2 und 7 J. **Öffnungszeiten:** Mai-Okt. 10.00-19.00 Uhr. **Kosten:** 12,00 € (Erw.), 6,00 € (Ki. 3-14 J.). **Tel.:** 04651-32601.

6. Feuerwehrmuseum in Keitum

In dem aus dem Jahr 1906 stammenden Gebäude befindet sich seit 1998

ein Museum der Feuerwehren Sylt-Ost. In dem 60 qm großen Raum werden **150 Jahre Feuerwehrgeschichte** gezeigt. So kann man z. B. eine – noch funktionsfähige! – Handdruckspritze aus dem Jahr 1880, alte Atemschutzgeräte, Schläuche, Uniformen, Fotos und Feuerwehrhelme bewundern. Falls jemand Fragen zu den Exponaten hat, werden diese von den anwesenden Feuerwehrmännern sehr freundlich beantwortet.

Adresse: C.-P.-Hansen-Allee 9. [■] **Alter:** Keine offizielle Altersbeschränkung; geeignet für Kinder ab 2 J. **Öffnungszeiten:** April-Okt. Di. 10.30-13 Uhr.

Kosten: Keine; es wird um eine Spende gebeten. **Infos:** ISTS (s. S. 16 f.).

7. Naturzentrum Braderup

Von hier aus werden die Naturschutzgebiete Morsum Kliff und Braderuper Heide betreut. Im Naturzentrum kann man Wissenswertes über den **Lebensraum Wattenmeer** und die Dünenlandschaften erfahren. Angeboten werden zudem Heidewanderungen, Wattwanderungen (s. S. 48), Morsum Kliff Führungen, Natur- und Kräutergartenführungen mit Teerunde, naturkundliche Fahrradtouren sowie Vorträge zu aktuellen naturschutzbezogenen Themen (z. B. „Küsten im Klimawandel“, „Fischerei auf Sylt“, „Vögel der Insel“ oder „CO2-Endlagerung und die Gefahren“). Die aktuellen

Themen und Termine erfährt man im Naturzentrum sowie im Internet.
Adresse: M.-T.-Buchholz-Stich 10a. [■] **Alter:** Keine offizielle Vorgabe; Ausstellung geeignet für Kinder ab 3 J. **Öffnungszeiten:** April-Okt. Mo.-Sa. 10.00-18.00 Uhr. **Kosten:** Keine; es wird um eine Spende gebeten. **Tel.:** 04651-44421. **www.naturschutz-sylt.de**

8. Schutzstation Wattenmeer in Hörnum

In den Ausstellungsräumen der Schutzstation Wattenmeer kann man **„Watt erleben"**: Strandschätze dürfen angefasst, bei einer **„Dünenraupenrallye"** kann gespielt werden, ein Mord im Watt ist anhand von Vogelspuren im Sand aufzuklären und in kleinen Wasserbecken sind lebende Wattenmeerbewohner wie Krebse und kleine Fische zu bewundern. Anschließend können sich die Kinder noch auf dem kleinen angrenzenden Spielplatz austoben und perfekt ist der preiswerte, spannende und lehrreiche Familienausflug. Die Schutzstation ist zudem Ausgangspunkt für interessante **Exkursionen** ins Watt sowie zur Vogel- und Pflanzenbeobachtung und bietet **speziell auf Kinder und Jugendliche** ausgerichtete Veranstaltungen an (s. S. 69).
Adresse: Rantumer Str. 27 (Kuno-Ehlfeldt-Haus). [■] **Alter:** Wie Naturzentrum Braderup (s. o.). **Öffnungszeiten:** 10.00-12.00 u. 15.00-18.00 Uhr; Nov.-März geschl., Ausnahmen: 26.12.-6.1. u. 20.2.-24.2. **Kosten:** Keine; Spendenempfehlun: 3,00 € (Erw.), 1,50 € (Ki.).
Tel.: 04651-881093. **www.schutzstation-wattenmeer.de**

Ausblick: Ab Mai 2013 soll die ehemalige St.-Josef-Kirche (Rantumer Str. 33, Hörnum) zu einem neuen Erlebniszentrum umgebaut werden. Auf 800 qm Ausstellungsfläche werden unterschiedliche Themenbereiche rund um die Nordsee erlebbar gemacht; das Konzept richtet sich dabei speziell an Kinder und Jugendliche.

9. Leuchtturm-Besichtigung in Hörnum

Wer einen echten Leuchtturm von innen besichtigen möchte, hat in Hörnum dazu während einer einstündigen Führung die Gelegenheit und kann dabei Vieles über die Geschichte des Leuchtturms - in dem zeitweilig auch mal eine Schule untergebracht war - sowie die Arbeiten im Leuchtturm erfahren. **Anmeldung erforderlich.**
Adresse: Rantumer Str. 20. [■] **Alter:** Ab 8 J. **Termine und Uhrzeit:** In der Saison werden Führungen um 9.00, 10.00, 11.00 u. 12.00 Uhr angeboten. Die aktuellen Daten hat der Tourismus-Service Hörnum (s. S. 16 f.).
Kosten: 5,00 € (Erw.), 2,50 € (Ki.).

10. Heimatmuseum in Keitum

Wer sich für die Geschichte der Insel interessiert, kann in diesem ehemaligen Kapitänshaus von 1759 viel Wissenswertes erfahren. Dargestellt werden z. B. prähistorische und frühgeschichtliche Funde aus dem Morsum Kliff, Exponate zur Geschichte der Seefahrt sowie des Walfangs. Zudem vermitteln alte Trachten, Münzen und Seekarten sowie eine Sammlung von Standuhren ein Bild von früheren Zeiten.

Adresse: Am Kliff 19. [■] **Alter:** Keine offizielle Vorgabe. **Kosten:** 5,00 € (Erw.), 2,00 € (Ki.). **Öffnungszeiten:** Ostern-Okt. Mo.-Fr. 10.00-17.00 Uhr; Wochenende u. Feiertage 11.00-17.00 Uhr; im Winter Di.-Sa. 12.00-16.00 Uhr. **Tel.:** 04651-31669. **www.soelring-foriining.de**

Tipps:

Familienfreundlich ist das Ticket Museumsinsel Sylt. Für 8,50 € kann man damit das Heimatmuseum und das Altfriesisches Haus (s. S. 59) in Keitum, das Denghoog in Wenningstedt (s. S. 60) und die Vogelkoje in Kampen (s. S. 59) besuchen. Kauft ein Erwachsener dieses Ticket, haben alle dazugehörigen Kinder bis 15 Jahre freien Eintritt – und das für eine ganze Saison, d. h. man kann die Museen an unterschiedlichen Tagen und ggf. mehrmals besuchen.

Jeden Donnerstag von 14.00-16.00 Uhr kann man echten Handwerkerinnen beim Klöppeln, Spinnen und Bändchenweben über die Schulter schauen.

Wer mit dem Bus anreist, kann zudem von dem Angebot Keitum Kultur profitieren. Dabei zahlt man für die inselweite Bus An- und Abreise nach Keitum und den Einritt in das Sylter Heimatmuseum sowie in das Altfriesische Haus 12,50 € (Erw.) bzw. 6,30 € (Ki.). www.svg-sylt.de

11. Altfriesisches Haus in Keitum

In diesem 1739 erbauten Haus ist eine friesische Wohnung des 18. und Anfang des 19. Jahrhunderts zu besichtigen. In den relativ niedrigen Räumen kann man Küche, Stube, Pesel (die gute Stube), Schlafräume und Vorratskammer bewundern. Im Winter sollte man sich allerdings auch im Museum warm anziehen, denn zur Schonung des antiken Mobiliars wird auf eine Beheizung der Räume verzichtet.

Adresse: Am Kliff 13.[■] **Alter:** Keine offizielle Vorgabe.
Öffnungszeiten und Web: wie Heimatmuseum (s. S. 58).
Kosten: 4,00 € (Erw.), 2,00 € (Ki.). **Tel.:** 04651-31101.
Siehe auch die Sondertarife Museumsinsel und Keitum Kultur (S. 58).

12. Vogelkoje in Kampen

In der aus dem 18. Jahrhundert stammenden und nach holländischem Muster gebauten Entenkoje kann man nachvollziehen, wie früher die **Wildenten** gefangen wurden: Mit Hilfe eines künstlich angelegten Wäldchens und eines Süßwassertümpels wurden sie angelockt und von einer Lockente mit gestutzten Flügeln in 4 schmale Gräben geführt, die jeweils in einem Fangsack endeten. Da sich die Enten von jedem noch so kleinen Geräusch ablenken ließen, war es während der Fangzeiten von August bis Dezember polizeilich verboten, in einem Umkreis von 2 Kilometern zu sprechen (!), zu singen oder gar zu schießen. Als Anfang des 20. Jahrhunderts die Straße nach List gebaut wurde und gleichzeitig der militärische und touristische Betrieb zunahm, musste die Vogelkoje 1921 geschlossen werden, weil ein erfolgreicher Betrieb aufgrund des gestiegenen Geräuschpegels unmöglich geworden war. Heute erwartet die Besucher neben einer Ausstellung zur Kulturgeschichte auch ein Naturlehrpfad durch den Erlenbruchwald.

Adresse: Lister Str. 100 (3 km nördlich von Kampen an der Straße nach List). [■] **Alter:** Keine Vorgabe. **Öffnungszeiten:** Ostern-Okt. 10.00-17.00 Uhr; Nov.-März geschl. **Kosten:** 3,00 € (Erw.), 1,50 € (Ki. 6-14 J.). **Tel.:** 04651-871077. **www.soelring-foriining.de**
Siehe auch den Sondertarif Museumsinsel (S. 58).

13. Denghoog in Wenningstedt

Bei dieser Sehenswürdigkeit handelt es sich um das größte und besterhaltene begehbare **Dünengrab** Nordwesteuropas. Der Name Denghoog bedeutet „Thing-Hügel" und weist darauf hin, dass die Germanen dort ihre **Gerichtsverhandlungen** abhielten. Heute können die Besucher in die ovale Grabkammer (5m lang, 3m breit und 1,8m hoch) durch einen schmalen Gang oder durch ein Loch in der Decke gelangen.
Adresse: Bi Kiar (neben der Friesenkapelle und dem Spielplatz, s. S. 29). [■] **Alter:** Ab ca. 3 J. **Öffnungszeiten:** Ostern-Okt. Mo.-Fr. 10.00-17.00 Uhr, Sa., So. und Feiertage 11.00-17.00 Uhr; Nov.-März nach telefonischer Voranmeldung. **Kosten:** 2,50 € (Erw.), 1,50 € (ab 6 J.). **Tel.:** 04651-32805. **www.soelring-foriining.de**
Siehe auch den Sondertarif Museumsinsel (S. 58).

14. Eidum Vogelkoje in Rantum

Wenn man zwischen den Parkplätzen Oase zur Sonne und Dikjen Deel auf der Rantumer Straße von Westerland nach Rantum links abbiegt, gelangt man zu der Eidum Vogelkoje. Dort gibt es einen schönen Seerosen-Teich, und man kann auf einem Naturpfad wandern und sehen, wie früher die Enten gefangen wurden. In einem Ausstellungsraum sind ausgestopfte Tiere zu bewundern, und es werden Informationen über die örtlichen Flora und Fauna präsentiert.
Adresse: Rantumer Straße. [■] **Alter:** Keine offizielle Vorgabe. **Kosten:** Keine; es wird um eine Spende gebeten. **Öffnungszeiten:** März-Okt. Mo.-Sa. 10.00-12.00 Uhr, Di. u. Do. 14.00-18.00 Uhr, Mi. u. Fr. 16.00-18.00 Uhr. **Tel.:** 04651-4812.

V. Besondere Veranstaltungen

Zusätzlich zu den bisher dargestellten vielfältigen Sport- und Ausflugsmöglichkeiten bietet die Insel für Familien mit Kindern und Jugendlichen noch eine Vielzahl an Special Events, die jeweils unvergessliche Stunden versprechen. Im Folgenden werden zunächst diejenigen Angebote dargestellt, die sich auf mindestens 2 oder mehr Orte beziehen. Anschließend erfolgt die weitere Darstellung anhand der jeweiligen Inselortschaften.

Soweit jeweils nichts anderes angegeben, sind die aktuellen Termine dem Veranstaltungsprogramm und der Tagespresse zu entnehmen sowie bei den Geschäftsstellen der jeweiligen Orte (telefonisch oder im Internet) zu erfahren (s. S. 16 f.). Dort erhält man jeweils auch noch weitergehende Informationen.

1. Ortsübergreifende Veranstaltungen

a) Weihnachtsmärkte

Zur Adventszeit auf Sylt kann man im Prinzip an jedem Wochenende einen anderen Weihnachtsmarkt besuchen. Klein und fein sind z. B. das **Weihnachtsstübchen** in der Alten Schule in **Archsum** (Dorfstr. 6) sowie der **Weihnachtsmarkt** in der Turnhalle der Alten Grundschule in List (Landwehrdeich 1), wo u. a. zum Knusperhäuserbauen eingeladen wird. Jeweils an 3 Adventswochenenden baut der Sterne-Gastronom **Jörg Müller** vor seinem Restaurant in **Westerland** (Süderstr. 8) eine wunderschöne kleine Budenstadt auf, bei der die Kinder in einem nostalgischen Karussell fahren und heiße Schokolade mit himmlischen Keksen genießen können. Zudem kommt täglich der Weihnachtsmann vorbei, und es findet eine Plätzchenbäckerei statt.

Einheimische Leckereien und Kunsthandwerk gibt es auch im festlich geschmückten **Muasem Hüs in Morsum** (s. S. 67). Beim Weihnachtsmarkt im **Kampener Kaamp-Hüs** (Hauptstr. 12) wird neben einem großen Angebot an Kunsthandwerk und kreativen Geschenken auch ein spezielles Kinderprogramm mit Puppentheater, Feuerwehrfahrten, Laubsägearbeiten und weihnachtlichem Basteln geboten. Im **Dorfhotel in Rantum** (s. S. 78 f.) locken eine große Kinderecke, eine Kinderbäckerei und eine gemütliche Lesestunde vor dem Kamin. So aufgewärmt macht auch ein Besuch auf dem größten der Märkte, dem **Sylter Weihnachtsmarkt** auf dem Bahnhofsvorplatz in Westerland Spaß, der von Mitte Dezember bis Weihnachten aufgebaut ist.

b) Weihnachts- und Neujahrsbaden

Wer die Weihnachtsfeiertage auf Sylt verbringt, darf auf keinen Fall am **26. Dezember** das **Weihnachtsbaden** um 14.30 Uhr am Hauptstrand in Westerland verpassen. Dort versammeln sich jährlich abgehärtete Einwohner und Gäste, um sich in die kalten Fluten zu wagen. Teilweise werden auch lustige Kostüme zur Schau gestellt. Damit die Zuschauenden nicht schon beim Zugucken frieren, werden ausreichend heiße Getränke angeboten. Ein ähnliches Spektakel gibt es beim **Neujahrsbaden am 1. Januar** um 14.00 Uhr am Hauptstrand in Wenningstedt am Kliff.

c) Biikebrennen

Wer sich Mitte/Ende Februar auf die dann meist aufgrund des Wetters etwas raue Insel traut, wird durch ein ganz besonderes Fest belohnt: Am **21. Februar**, dem heimlichen Nationalfeiertag der Friesen, treffen sich bei Einbruch der Dunkelheit Familien und Freunde, Einheimische und Gäste und marschieren gemeinsam mit brennenden **Fackeln** zu den Biikestellen. Dort sind alte Tannenbäume und Gehölz zu großen **Scheiterhaufen** gelegt, die auf das Stichwort „Tjen di Biiki ön" in Flammen aufgehen. Dazu wird die Sylter Hymne „Üüs Söl'ring Lön" gesungen, und es werden einige Reden auf deutsch und auf friesisch vorgetragen. Anschließend wird traditionell Grünkohl gegessen.

d) Oster-Events

Am Ostersamstag startet ein traditioneller **Fackelzug** an der Feuerwache Steintal in **Hörnum. Osterfeuer** werden in **Hörnum** und an den Stränden von **Wenningstedt** und **Kampen** (Buhne 16) veranstaltet. Besonders nett für Kinder ist der **Ostereierlauf**, bei dem die Kinder am Ostersonntag auf dem **Kampener Strönwai** mit Ostereiern auf den Löffeln um die Wette laufen, während sich die Wirte das Fell über die Ohren ziehen und sich im Hasenkostüm präsentieren. In List wird zudem ein **Oster-Workshop** für Kinder angeboten (s. S. 73).

e) Sommerliche Dorf- und Hafenfeste

Zwischen Juni und August finden fast wöchentlich besondere Feste statt. So kann man sich im Juni auf den Dorffesten in Hörnum und Morsum vergnügen. Im Juli starten die Ortschaften Rantum, Tinnum und Wenningstedt durch. Den Abschluss bilden im August die Dorffeste in Keitum und Archsum sowie die Hafenfeste in List und Hörnum. Geboten werden u. a. Schiffsfahrten, Schiffsbesichtigungen, Live-Musik, Kinder-Spielstraßen und -Karussells, Wasserspritzen, Negerkussweitwurf, Flohmärkte, Kunsthandwerk, Feuerwerk, Krabbenpulwettbewerb u. v. m.

f) Catan-Mobil in List und Hörnum

Im August kommt das Catan-Mobil in die Häfen von List und Hörnum. Dies ist ein umgebauter amerikanischer **Schulbus**, der bis unters Dach mit **Brettspielen** gefüllt ist. Namensgeber ist das legendäre Spiel des Jahres 1995 „Die Siedler von Catan". Neben den bekannten Produkten aus dem

Hause KOSMOS befinden sich Spiele fast aller deutschen Verlage an Bord. Jedes Jahr gehen FamilyGames-Mitarbeiter in diesem prächtigen Schulbus-Oldtimer mit verspielter Bemalung und Aufmachung auf große Deutschland-Tournee. Wo das Catan-Mobil auftaucht, können Kinder, Jugendliche und Erwachsene nach Herzenslust spielen. Damit man sich nicht mit langen Spielanleitungen beschäftigen muss, stehen erfahrene **Spiele-Erklärer** mit Rat und Tat zur Seite. **Adresse:** Lister Hafen [■] und unterhalb der Strandpromenade in Hörnum. [■] **Zeiten:** 11.00-17.00 Uhr. **Alter:** Ab 3 J. **Kosten:** Keine. **www.catan-mobil.de**

g) Fun Beach in Westerland und Rantum

Zwischen dem 1. Juli und dem 31. August kann man am Strand nicht nur schwimmen und joggen, sondern auch noch – aktiv oder passiv – an besonderen Aktionen teilnehmen. **Beachvolleyball, Soccer, Basketball, Beachball und Boccia** können ausprobiert oder angeschaut werden. Für Aktive jeden Alters gibt es ein täglich wechselndes Angebot, wobei das lockere Miteinander im Vordergrund steht. Sportliche Betreuung (Animation) wird nur in Westerland angeboten.

Adresse: Brandenburger Strand in Westerland [■]; in Rantum zwischen ADS-Heim und Campingplatz [■]. **Alter:** Ab ca. 8 J.

Zeiten: Westerland 12.00-18.00 Uhr; Rantum 14.30-16.00 Uhr.

Kosten: Keine. **Infos:** ISTS (s. S. 16 f.).

h) Kinderuni in List und Rantum

Im Juli und August bieten das Erlebniszentrum Naturgewalten in List (s. S. 51 ff.) und die Stiftung Kunstraum Sylt Quelle in Rantum eine Uni für Kinder an. Geboten werden **Vorträge** rund um das Thema **Klima** wie z. B. „Kann man Klima fühlen?", „Können Städte schwimmen lernen?", „Wer schnarcht denn da im Wasserbett?", „Welche Rekorde erzielen Tiere?" oder „Ist die Erde ein Wackelpudding?" Bei den kindgerecht aufbereiteten Vorträgen erfährt man z. B. mehr darüber, warum der Eisbär einen Kühlschrank hat oder warum die Scholle platt ist.

Anmeldung erforderlich.

Adresse: Hafenstr. 37 in List [■]; Hafenstr. 1 in Rantum. [■] **Alter:** Ab 6 J. **Zeiten und Dauer:** Rantum: Mo. 11.00 Uhr; List: Do. 18.00 Uhr; die genauen Daten und Themen der Vorträge sind telefonisch oder im Internet zu erfahren. **Dauer:** Ca. 1 Std. **Kosten:** 5,50 € (Ki.), Erw. nicht zugelassen. **Tel.:** 04651-4711. **www.kunstraum-syltquelle.de** (jeweils Meerkabarett); **Erlebniszentrum:** S. S. 51 ff.

2. Westerland

a) Kindertheater

Jeweils zu Pfingsten und zu Ostern, im Sommer, in den Herbstferien sowie kurz vor Weihnachten werden in Westerland verschiedene Kinder/Figuren-Theateraufführungen angeboten (z. B. „Peter Pan"; „Jim Knopf", „Bernsteinfisch").
Adresse: Congress Centrum Westerland (Saal Frisia), Friedrichstr. 44. [■] **Alter:** Ab 4 J. **Kosten:** 7,50 bis 10,00 €. **Infos:** ISTS (s. S. 16 f.).

b) Bibliothek und Ludothek

In der Stadtbücherei in Westerland warten neben mehr als 20.000 Büchern und Hörbüchern, Zeitschriften, Musik-CDs und Kinderkassetten auch Filme und Gesellschaftsspiele auf Krimifans und Monopoly-Meister. Da lässt sich, insbesondere an Regentagen, für jeden etwas Passendes finden. Neben dem großen Lesesaal gibt es auch ein Spielzimmer für Kinder, in dem die zahlreichen Spiele direkt vor Ort ausprobiert werden können. Eignet sich auch prima als Zwischenstopp, falls man plötzlich von einem Regenschauer überrascht wird. **Infos:** S. S. 16.

c) Rettungsschwimmertage

Bei den Rettungsschwimmertagen in Westerland geben **echte Rettungsschwimmer** Einblicke in ihren Arbeitstag und erklären z. B. die besonderen Gefahren beim Baden in der Nordsee mit Gezeiten, Wind und Strömungen, den Einsatz von Rettungsmitteln, Rettungs- und Befreiungsgriffe, Erste Hilfe am Meer, Flora und Fauna sowie Natur- und Küstenschutz. Am Ende bekommt jeder Teilnehmer ein Überraschungsgeschenk und eine Urkunde als Erinnerung an einen ereignisreichen und lehrreichen Nachmittag.
Anmeldung und Bronze Schwimmabzeichen erforderlich.
Treffpunkt: Rettungsschwimmerstand 4.42 (Hauptstrand in Westerland). [■] **Alter:** 8-16 J. **Zeiten:** Juli-Sept. Do. 13.00-17.00 Uhr. **Kosten:** 34,00 €; **Infos:** ISTS (s. S. 16).

3. Sylter Osten

a) Schokoladenseminar in Tinnum

In der Sylter Schokoladenmanufaktur werden köstliche und mittlerweile über die Insel hinaus bekannte Schokolade, Trüffelmasse und Pralinen hergestellt. Beim Schokoladenseminar kann man den Profis bei der Arbeit über die Schulter gucken und anschließend selbst zum Schokolatier werden und seine eigenen Pralinen oder seine eigene Tafel Schokolade herstellen. Dauer: ca. 3 Std.

Adresse: Fliegerhorst 15. [■] **Alter:** Ab 6 J. **Kosten:** 29,00 € (Erw.), 15,00 € (Ki. bis 16 J. in Begleitung eines Erw.).

Infos: ISTS (s. S. 16 f.). **www.cafe-wien-sylt.de**

b) Salzgrotte in Tinnum

Wer sich nicht nur ausruhen, sondern dabei noch etwas für seine Gesundheit tun möchte, ist in der Tinnumer Salzgrotte richtig. Eine Temperatur von ca. 20 Grad, eine bestimmte Luftfeuchtigkeit und die Luftzirkulation bewirken, dass Mineralstoffe wie Magnesium, Eisen, Calcium, Selen oder Kalium aus dem Salz freigesetzt und mit jedem Atemzug aufgenommen werden. Dies soll sich z. B. auf Heuschnupfen, Asthma, Tinnitus, Neurodermitis u. v. m. positiv auswirken.

Adresse: Ingewai 3c. [■] **Alter:** Keine offizielle Vorgabe; Gäste mit Kindern unter 10 J. werden um vorherig Anmeldung gebeten. **Öffnungszeiten:** Mo., Di., Mi. u. Fr. 9.45-13.00 u. 14.45-18.00 Uhr, Do. nur nachmittags. **Kosten:** 14,50 € (Erw.), 11,50 € (Ki. zw. 3-16 J.).

Tel.: 04651-31651. **www.salzgrotte-sylt.de**

c) Veranstaltungen im Muasem Hüs in Morsum

Im und um das Morsumer Muasem Hüs finden im Laufe des Jahres zahlreiche attraktive Veranstaltungen statt. Der **Eintritt** ist jeweils **frei**.

Adresse: Bi Miiren 1. [■] **Tel.:** 04651-890732.

aa) Neujahrs-, Mittelalter-, Herbst- und Weihnachtsmarkt

Kurz vor dem neuen Jahr lädt der **Neujahrsmarkt** vom 28. bis 30. Dezember ins Muasem Hüs ein, bei dem Antikes, Schmuck, Kunsthandwerk und Flohmarktartikel offeriert werden; zudem werden regionale Spezialitäten sowie Kaffee und Waffeln geboten.

Beim spätsommerlichen **Mittelaltermarkt** im August machen zahlreiche Handwerker- und Kunsthandwerksstände, Gaukler und Musiker das Mittelalter wieder lebendig. Drechsler, Kupferschmiede, Zinngießer, Bürstenmacher und weitere Aussteller zeigen ihr Können. Gastronomische Stände wie eine Taverne, ein Wildwurstgrill und eine historische Schaubäckerei sorgen für authentischen Gaumenschmaus. Musikalische Angebote sowie Gaukler runden das Angebot stilecht ab.

Mittelaltermarkt

Weihnachtsmarkt

Der traditionelle **Herbstmarkt** findet an einem Wochenende im September statt. Zahlreiche Sylter Anbieter offerieren regionale Produkte und Kunsthandwerk. Mit dabei sind auch die Weberinnen der Söl´ring Foriining, die an alten Webstühlen arbeiten; für Kinder gibt es extra kleine Kinderwebstühle zum Ausprobieren (s. auch unten unter bb). Zudem wird aus Sylter Äpfeln in einem Häcksler und einer Wäscheschleuder frischer Apfelsaft zubereitet. Für das leibliche Wohl sorgt im Übrigen das Bistro Kleiner Kayser mit saisonalen und regionalen Gerichten.
Beim **Morsumer Weihnachtsmarkt** präsentieren rund 40 meist private Aussteller an ihren Ständen Handarbeiten, weihnachtliche Dekoartikel, Kunsthandwerk, Antikes, Puppen, handbemalte Glaskugeln, Schmuck u. v. m. Für das leibliche Wohl sorgt das Angebot der auf dem Parkplatz aufgebauten Buden. Für Kinder gibt es ein spezielles Programm mit Rallye, Basteln, Märchen lesen und natürlich dem Weihnachtsmannbesuch.

bb) Weben und Spinnen

Wie wird ein Teppich gewoben und wie spinnt man, ohne zu spinnen? Wer seinen Kindern diese heute nur noch selten ausgeübten Handwerkstätigkeiten zeigen will, kann die 3 netten Damen in Morsum besuchen. Mutige dürfen auch mal selbst an den Webstuhl.
Alter: Ab ca. 3 Jahre. **Zeiten:** Di. u. Fr. 15.00-17.00 Uhr.
Kosten: Keine. **Tel.:** 04651-33755.

cc) Filzkurse

Während der Hauptsaison werden in Morsum spezielle Filzkurse für Ferienkinder angeboten. Kinder ab 5 bzw. 9 Jahren können mit im Filzen versierten Sylterinnen **eigene Kunstwerke** (Stuhlkissen, Bilder etc.) erstellen und mit nach Hause nehmen.
Kosten: 8,00 € bis 10,00 € (1 Std. für Ki. ab 5 J.), 17,00 € (2 Std. für Ki. ab 9 J.), jeweils inkl. Materialkosten. **Tel.:** 04651-890389 oder -35535.

4. Rantum und Hörnum

a) Puppenbühne in Rantum

Aus dem Rantumer Veranstaltungsprogramm nicht mehr wegzudenken sind die zahlreichen Auftritte der Wyker Puppenbühne. Mit liebevoll gestalteten Puppen und lustigen und lehrreichen Klassikern wie „Der gestiefelte Kater“, „Rumpelstilzchen“ oder „Der kleine Muck“ begeistert der Puppenspieler Arno von Beuckenhauer immer wieder sein Publikum.
Adresse: Strandweg 7, Rantumer Kurhaus. [■] **Alter:** Ab ca. 4 J.
Zeiten: 11.00 oder 15.00 Uhr. **Kosten:** 5,00 €. **Infos:** ISTS (s. S. 16 f.).

b) Billabong-Surfcamp-Sylt in Rantum

Jedes Jahr im Juli/August laden der Surf Club Sylt und das australische Surf-Brand 30 Kinder und Jugendliche zwischen 8 und 14 Jahren für **ein Wochenende** nach Rantum ein. Unter professioneller Anleitung können erste Versuche auf dem Wellenreitbrett gewagt oder bereits vorhandene Kenntnisse ausgebaut werden. Zudem lernen die Teilnehmer etwas über die Entstehung von Wellen, Gezeiten, Strömungen und Sicherheit im Wasser. Die gesamte Ausrüstung mit Brett und Neoprenanzug, die Unterkunft im Schullandheim sowie die Verpflegung an den 2 Tagen sind für die Teilnehmer **kostenlos**. Lediglich die Anreise nach Sylt muss selber organisiert und finanziert werden. **Anmeldung erforderlich.**
Alter: Ab 8 J. **Infos:** ISTS (s. S. 16 f.).

c) Mittsommernachtswandern mit Fackeln um die Hörnum Odde

Ein besonderes Erlebnis für Familien mit größeren Kindern bietet das Mittsommernachtswandern in Hörnum. Jedes Jahr am **20. Juni** werden Einwohner und Gäste zu einer eindrucksvollen Nachtwanderung eingeladen. Um 22.30 Uhr werden Fackeln ausgegeben, die vor dem Restaurant Kap-Hoorn (Süderende) entzündet werden. Gemeinsam wird dann am Strand entlang in Richtung der Sylter Südspitze gewandert, bis nach ca. 1 1/2 Stunden der Zielpunkt im Hafen erreicht ist; wen dann immer noch nicht die Müdigkeit heimsucht, kann die Nacht bei der Mittsommernachts-Party im Südkap zum Tag machen.
Treffpunkt: Rantumer Straße 20. [■] **Kosten:** Keine.
Infos: Tourismus-Service Hörnum (s. S. 16 f.).

d) Nachtwanderungen, Märchen-Abende, Bernsteinschleifen und Raubtierfütterungen in Hörnum

Die Schutzstation Wattenmeer bietet nicht nur eine interessante und **kindgerechte Ausstellung** (s. S. 57), sondern auch mehrere speziell auf Kinder und Jugendliche zugeschnittene Angebote. Für alle Veranstaltungen ist eine **Anmeldung erforderlich:**

Bei den ca. 1 ½-stündigen **Nachtwanderungen** kann man die Inselküste mit allen Sinnen erleben. Die Anfangszeiten variieren entsprechend der Jahreszeit von 19.00 Uhr im Winter bis zu 22.00 Uhr im Sommer.

Bei den **Märchenabenden** werden Geschichten von der Nordsee gelesen, Bilder gemalt und gespielt, und in den Aquarien können die verschiedenen Meereslebewesen bestaunt werden.

Beim **Bernsteinschleifen** kann man sich das Gold von Nord- und Ostsee als ganz persönliches Andenken schleifen; die zu bearbeitenden Bernsteine werden gestellt.

Wer sich zur **Raubtierfütterung** in den Aquarien der Schutzstation traut, lernt viel über den Lebensraum Wattenmeer. Krebse, Fische und seltsame Blumentiere sowie die ansonsten im Verborgenen lebenden Tiere können hautnah erlebt werden.

Alter: Nachtwanderungen ab ca. 4 J., andere Veranstaltungen ab 3 J.
Kosten: Keine; Spendenempfehlung: 6,00 € (Erw.), 3,00 € (Ki.); beim Bernsteinschleifen zzgl. 4,00 € Materialkosten. **Infos und Termine:** S. S. 57.

5. Wenningstedt-Braderup, Kampen und List

a) InselCircus in Wenningstedt

Ein absolutes Highlight des Sylter Sommerangebots für Kinder ist der InselCircus. Von Ende Juni bis Ende August können Kinder auf der Insel in die Welt des Zirkus eintauchen. Der Mignon InselCircus steht seit 15

Jahren für **kreative Zirkuspädagogik**, ein weltweit **renommiertes Artistenfestival** und spektakuläre Shows. Täglich werden verschiedene Workshops angeboten: Kinder zwischen 3 und 5 Jahren können im **FlohCircus** einen Nachmittag oder eine Woche lang täglich 3 Stunden verbringen, Zirkusnummern einstudieren, in Kostüme schlüpfen, basteln und Zirkuslieder lernen. Kinder ab 6 Jahren werden im **MitmachCircus** zu richtigen Artisten und Kinder ab 11 Jahren können zudem als **YoungStars** mit ihrem Trainer eine eigene Varietee-Performance entwerfen. Den krönenden Abschluss bildet stets die wöchentliche Vorstellung, freitags um 17.00 Uhr im großen Zirkuszelt, zu der nicht nur die Eltern der jungen Artisten, sondern auch andere Kinder und Erwachsene kommen dürfen. Für Jugendliche zwischen 10 und 16 Jahren wird zudem ein **Filmworkshop** angeboten, bei dem man als Souvenir seinen eigenen Kriminalfilm mit nach Hause nehmen kann. Wer noch mehr Herausforderung sucht und mindestens 13 Jahre alt ist, kann auch an dem neuen **Stunt-Workshop** teilnehmen, in dem ein Stuntman seine Kenntnisse an mutige Jungen und Mädchen weitergibt. Geboten wird zudem eine **Mittagsbetreuung**, bei der die jungen Stars zusammen mit den Artisten im Zirkuszelt essen. Und wer dann immer noch mehr Zirkus-Feeling wünscht, kann sogar in den bunten Zirkuswagen übernachten und elternfreie Ferien machen (**Zirkushotel**).

Aufgrund der großen Nachfrage ist für alle Kurse eine **frühzeitige Anmeldung** zu empfehlen.

An 4 Tagen in der Woche wird zudem die **Show Impressionen aus aller Welt** mit einer Mischung aus Tanz, Theater, Akrobatik und Musik für die ganze Familie geboten; jede Woche kommt eine andere Gastgruppe, z. T. aus fernen Ländern. **Adresse:** Kampener Weg. [■]

Zeiten: Die Programme Floh- und MitmachCircus, YoungStars sowie der Stunt-Workshop gehen jeweils über eine Woche Mo.-Fr. 10.00-13.00 od.

14.00-17.00 Uhr; Filmworkshop jeweils 4 Std. zu wechselnden Terminen; Zirkuskurse am Nachmittag für Kinder ab 3 J. Mo. u. Fr. 15.00-17.00 Uhr. Mittagsbetreuung von 13.00-15.00 Uhr. **Vorstellung:** Mo., Di. u. Do. 17.00 Uhr, Mi. 15.00 Uhr.
Kosten: 20,00 € (Mittagsbetreuung mit Mittagessen), 22,00 € (Zirkuskurse am Nachmittag); 75,00 € (Übernachtung); 110,00 € (Floh- und MitmachCircus, YoungStars sowie Stunt-Workshop pro Woche); 190,00 € (Filmworkshop). Nachmittags-Show: 10,00 € (Erw.), 5,00 € (Ki.), montags sind Ki. frei. **Tel.:** 040-32082802 und 04651-299499 (ab Anfang Juli). **www.inselcircus.de**
Vor oder nach einer Show oder einem Kurs bietet sich ein Besuch des Restaurants Circorante an (s. S. 80).

b) Spielnachmittage und Kinderhitparade in Wenningstedt

Bei den **Spielnachmittagen** auf der Wiese am Minigolfplatz darf nach Herzenslust auf diversen Geräten getobt und gespielt werden. Neben dem hohen Spaßfaktor verbessern die Geräte Geschicklichkeit und Leistungsfähigkeit und fördern Phantasie und Lernfreude.
Bei der **Kinderhitparade** greift Oliver Strempler zur Gitarre und bringt Kinderaugen zum Leuchten: Unter seiner Anleitung wird zu den beliebtesten Kinderliedern getanzt, gesungen und geklatscht.
Treffpunkt: Spielnachmittage: Wiese am Minigolfplatz (Dünenstr.); Kinderhitparade: Strandübergang Risgap/Kartoffelkiste [■] **Alter:** Ab 3 J. **Kosten:** Keine. **Infos:** Tourismus-Service Wenningstedt-Braderup (s. S. 16 f.).

c) Ein Tag auf der Ponyfarm in Wenningstedt-Braderup

Kinder und Jugendliche, die nicht genug von Pferden bekommen können, sind auf **Bodil´s Ponyfarm** genau richtig. Hier können sie als Tagesgäste einen ganzen Tag lang reiten und mit ihren Lieblingen verbringen. Um 12.30 Uhr gibt es ein gemeinsames Mittagessen, und nach dem Abendbrot geht es für die müden Reiter wieder nach Hause. **Anmeldung erforderlich.**

Adresse: Terpwai 14. [■] **Alter:** Ab 8 J. **Kosten:** 75,00 € inkl. Verpflegung. **Zeiten:** Oster-, Sommer- und Herbstferien 8.30-18.30 Uhr. **Tel.:** 04651-42444. **www.sylt-schulz.de**

d) Holzworkshop in Wenningstedt-Braderup

In der Werkstadt eines Tischlers und Holzbildhauers können kleine Handwerker unter professioneller Anleitung das Material Holz und den Umgang mit allen wichtigen Werkzeugen kennen lernen und anschließend eigene Kunstwerke erstellen (z. B. Holzschalen, Tiere, Spiele, Nussknacker und Figuren aus knorrigen Ästen).

Anmeldung erforderlich (min. 4, max. 8 Ki.).

Adresse: M.-T. Buchholz-Stich 6. [■] **Alter:** Ab 6 J. **Zeiten:** In der Saison Mo. u. Do. 13.00-17.00 Uhr. **Kosten:** 60,00 € (4 Std.). **Tel.:** 0172-4046967. **www.holzworkshop-sylt.de**

e) Familienkutschfahrten in Wenningstedt-Braderup

Falls die Kinder noch zu klein für ausgedehnte Spaziergänge oder Fahrradtouren sind oder man sich einfach mal kutschieren lassen möchte, stellen die Familienkutschfahrten eine attraktive Möglichkeit dar. Während einer gemütlichen Tour zeigt der Kutscher schöne und z. T. auch unbekannte Stellen in Wenningstedt-Braderup und führt durch die wunderschöne Landschaft.

Treffpunkt: Hünengrab Am Tenghoog (hinter der Friesenkapelle). [■] **Alter:** Keine Vorgaben. **Kosten:** 7,00 € (Erw.), 3,50 € (Ki. bis 12 J.). **Infos:** Tourismus-Service Wenningstedt-Braderup (s. S. 16 f.).

f) Oster-Watt-Workshop in List

In den Osterferien bietet das **Erlebniszentrum Naturgewalten** (s. S. 51) spezielle Workshops für Kinder rund um das Thema Watt an. In 3 verschiedenen Gruppen erfahren die Kinder jeweils für 2½ Stunden aktiv und kreativ den Lebensraum Wattenmeer. In dem Workshop **Meergeister und Muschelfische** können 5- bis 8-Jährige Märchen über Ekke Nekkepen und Sylter Sagen hören, einen Meergeist aus selbst gesammelten Strandfunden formen und einen Fisch aus Herzmuscheln basteln. Kinder von 8 bis 11 Jahren hören in dem Workshop **Wattgeflüster** Geschichten über das Watt und basteln einen kreativen Bilderrahmen aus selbst gesammelten Strand- und Wattfunden. Für Kinder ab 10 Jahren wird zudem der Workshop **Watt kreativ** angeboten. Dabei können sie Watttiere im Seetierbecken entdecken, ihren eigenen Button herstellen, Strand- und Wattfunde sammeln und ein Gips-Wattbild gestalten. **Anmeldung für alle Kurse erforderlich.**

Adresse: Hafenstr. 37. [■] **Kosten:** 25,00 €. **Zeiten:** 12.30-15.00 Uhr.
Tel.: 04651-836190. **www.naturgewalten-sylt.de**

Bei Interesse können die Eltern während der Workshops die Ausstellung im Erlebniszentrum (s. S. 51 ff.) für einen Sonderpreis von 10,00 € besuchen.

g) Strandanimation und Kinder Strandolympiade in List

Während der Sommerferien kommt der qualifizierte Allrounder und Sportanimateur Manfred nach List und bietet den jungen Gästen täglich (außer samstags) ein vielseitiges, ausgewogenes Sportprogramm für alle Leistungs- und Altersstufen an. Bei gutem Wetter findet es an den Stränden statt; bei Regen wird zwischen 10.30 und 12.30 Uhr eine sportliche Kinderanimation in der Aula der ehemaligen Grundschule angeboten.

Kosten: Keine. **Alter:** Ab 3 J. **Treffpunkt und Zeiten:** 11.00-12.30 Uhr Textilstrand [■]
13.00-14.30 Uhr FKK-Strand [■]
15.00-16.30 Uhr Oststrand [■]

An den Samstagen im Juli und August findet am Lister Oststrand (auch Kinderstrand genannt, s. S. 20 f.) eine **Kinderolympiade** statt. In gemischten Gruppen messen sich die Teilnehmer in den unterschiedlichsten Disziplinen. Sportlichkeit ist genauso gefragt wie Wissen, Geschicklichkeit und Kreativität.

Treffpunkt: Oststrand. [■] **Alter:** Ab 6 J. **Zeiten und Dauer:** 14.00 Uhr, Dauer ca. 3 Std. **Kosten:** 3,50 €. **Infos und Karten:** Im Adler-Pavillon im Hafen oder bei der Kurverwaltung List (s. S. 16 f.).

VI. Essen mit Kindern

1. Westerland

a) Aldente im Sylt Aquarium

Ausblick: *Das* Kinderrestaurant der Insel, ursprünglich in Tinnum angesiedelt, zieht zur Saison 2013 in das Haus des Sylt Aquariums (s. S. 50) ein. Dort können Familien somit nicht nur die Unterwasserwelt bestaunen, sondern auch noch entspannt eine Mahlzeit oder einen Snack genießen. Geplant sind sowohl ein toller Indoorspielplatz mit einem großen Holzboot als auch ein großer Outdoorspielplatz mit Hüpfburg und Fußballtoren.
Adresse: Gaadt 33. [■] **Tel.:** 04651-936636. **www.sylt-aldente.de**

b) Osteria am Campingplatz

Direkt zwischen Dünen und Campingplatz liegt dieses unkomplizierte Familien-Restaurant. Im Sommer kann man auf einer großen Terrasse sitzen, während sich die Kleinen auf dem von Dünen umrandeten **Spielplatz** austoben. Aber auch bei schlechtem Wetter bzw. in der kälteren Jahreszeit kommt im Inneren des Restaurants Urlaubs-Feeling auf: Bei der Platzwahl kann man u. a. zwischen in Sand gebetteten Strandkörben, Kino-Sesseln und Flugzeugen wählen. Zudem gibt es eine **Kinderspielecke** mit Büchern und Spielen sowie kostenlosen WLan-Empfang für die Großen. Die Küche bietet einheimische und italienische Spezialitäten in großzügigen Portionen und zu fairen Preisen. Bei der Pizza "Größenwahn" für bis zu 20 Personen werden Pizzen mit einem Durchmesser von einem halben Meter serviert, bis alle satt sind. Fondue auf Vorbestellung.
Adresse: Fischerweg 32. [■] **Öffnungszeiten:** Ab 12.00 Uhr; vom 7.1. bis 1.3 geschl. **Preise:** Vorspeisen ab 6,00 € (Tomatensuppe); Hauptspeisen von 8,00 € (Pizza Margherita) bis 25,00 € (Rinderfilet mit Scampi); Kinderteller ab 5,00 €; beliebiges Hauptgericht als Kindergericht 6,00 €; Glas Wein ab 5,00 €. **Tel.:** 04651-29819. **www.osteria-sylt.de**

c) Luzifer an der Strandpromenade

Direkt über der Musikmuschel gelegen besticht das Luzifer vor allem durch den schönen **Meerblick**, den man von vielen Plätzen (drinnen und draußen) hat. Die umfangreiche Karte und die spezielle Kinderkarte bieten für jeden Geschmack und zu jeder Tageszeit ein großes Angebot. So gibt es z. B. ein **Kids Frühstück**, bei dem sich die Kleinen heiße Schokolade, Tee oder O-Saft, ein halbes Nutellabrötchen sowie Cornflakes mit Früchten und Milch für taschengeldschonende 3,90 € schmecken lassen können. **Gute Preis-Leistungs-Verhältnisse** erhält man auch bei den Buffets: Mittwochs **Pastamania** mit Salaten, Nudeln und Desserts, donners-

tags **Piraten-Schmaus** mit Salaten, Fisch- und Fleischgerichten sowie Desserts, jeweils ab 18.00 Uhr, sowie das **Familien-Frühstücks-Buffet** mit Showküche an Sonn- und Feiertagen von 9.00 bis 12.00 Uhr. Wenn die Kleinen mal wieder schneller fertig sein sollten als Mama und Papa, können sie sich die Zeit in der **Kinderspielecke** vertreiben, die allerdings nur mit recht wenig Spielzeug ausgestattet ist.
Adresse: Andreas-Dirks-Str. 10 (oberhalb der Musikmuschel). [■]
Öffnungszeiten: Ab 9.00 Uhr. **Preise:** Vorspeisen ab 3,80 € (Tomatensuppe); Hauptgerichte von 7,90 € (Pasta) bis 21,90 € (Steakteller); Kinderteller ab 4,90 €; Glas Wein ab 4,50 €. Buffets: Pastamania und Familien-Frühstück 12,90 €, Piraten-Schmaus 13,90 €. Kinder unter 6 J. frei, danach die Hälfte. **Tel.:** 04651-927722. **www.luzifer-sylt.de**

d) Dorint Strandressort & Spa

In diesem direkt hinter den Dünen an der Himmelsleiter gelegenen **4-Sterne-Haus** sind Luxus und Familienurlaub keine Widersprüche. Bereits der hauseigene **Confetti Kinderclub** (s. S. 84 f.) lässt erkennen, dass Familienfreundlichkeit in diesem Hotel groß geschrieben wird. Aber auch Nichthotelgästen stehen die Vorzüge des Hauses offen: Während die Eltern im **Restaurant Ebbe & Food** gehobene Küche genießen, können die Kleinen in einem separaten, freundlich eingerichteten Zimmer spielen; in der Hauptsaison werden die Kinder dort sogar von 18.30 bis ca. 21.00 Uhr betreut, so dass Mama und Papa komplett entspannen können und nicht gleich aufspringen müssen, wenn der Nachwuchs mit dem Essen fertig ist. Dass es auch eine adäquate Kinderkarte gibt, erstaunt da nicht mehr.

Immer mittwochs ist **Kinder-Pizzatag**: Die Kinder dürfen die Pizza in der Küche nach eigenen Wünschen selbst belegen (6,50 €).
Adresse: Schützenstraße 20-24. [■] **Öffnungszeiten:** 7.30-24.00 Uhr, warme Küche 12.00-22.00 Uhr. **Preise:** Vorspeisen ab 9,00 € (Suppe); Hauptgänge von 18,50 € (Kutterscholle) bis 37,00 € (Hirsch- und Wildschweinrücken); Kindergerichte von 7,00 € (Rührei mit Spinat und Bratkartoffeln) bis 10,00 € (Schnitzel mit Beilagen); Glas Wein ab 8,00 €.
Tel.: 04651-8500. **www.hotel-sylt-westerland.dorint.com**

e) McDonalds in der Fußgängerzone

Adresse: Friedrichstr. 36. [■] **Öffnungszeiten:** Ab 8.00 Uhr, Mo.-Do. u. So. bis 23.00 Uhr, Fr. u. Sa. bis 24.00 Uhr. **Angebot und Preise:** Wie immer.
Tel.: 04651-927510. **www.mcdondalds.de**

2. Rantum

Was ursprünglich mal als Geheimtipp gehandelt wurde, dürfte mittlerweile dank der deutschlandweiten Produkt- und Medienpräsenz das **bekannteste Restaurant der Insel** sein und ist dementsprechend ganzjährig ausgebucht: **Die Sansibar**. Wer dort abends (in 2 Schichten, entweder von 18.00 bis 20.00 Uhr oder ab 20.00 Uhr) essen möchte, sollte in der Hochsaison Monate im Voraus einen Tisch bestellen. Denn spätestens ab Mai wird man bei der Reservierung darauf hingewiesen, dass bis Ende August alles ausgebucht ist. Möchte man ohne Reservierung trotzdem nicht auf das gute Essen und den tollen Wein verzichten, kann man sich mit Glück tagsüber einen Platz auf der Terrasse oder auf Bierbänken im Sand er-

kämpfen; aber auch dafür muss man bei gutem Wetter schon eine gewisse Urlaubsentspannung sowie Geduld mitbringen. Hat man allerdings einen schönen Platz ergattert und scheint dazu noch die Sonne, kann man unvergessliche Stunden verleben. Während sich die Großen durch die attraktive Speisekarte (und ggf. auch die 4000 Weine) arbeiten, können sich die Kleinen auf dem hauseigenen Spielplatz austoben. Dort gibt es von der legendären **Bobby-Car-Rennbahn** über eine Seilbahn und ein Kletterschiff bis hin zum **„Rummenigge-Fußball-Käfig“** alles, was Kinderherzen begehren.

Tipp:

Ein besonderes kulinarisches Erlebnis ist das Fondue (Fisch oder Fleisch, ab 2 Pers.), zu dem zahlreiche Salate, köstliche hausgemachte Saucen und frisches Brot serviert werden. Mit 39,90 € zwar kein Schnäppchen, aber frischer und besser sind Fisch und/oder Fleisch kaum zu bekommen.

Adresse: Parkplatz Sansibar. [■] **Öffnungszeiten:** Ab 10.30 Uhr. **Preise:** Hauptgerichte von 14,00 € (Nudeln mit Lachs) über 25,00 € (Wiener Schnitzel) bis über 50,00 € (US Beef Filet Steak); Kindergerichte von 4,00 € (Pommes mit Gemüse) bis 9,00 € (Wiener Schnitzel); Glas Wein von 7,50 € bis 65,00 €; für Wein- und Champagnerflaschen kann man auch über 1.000,00 € ausgeben.
Tel.: 04651-964656. **www.sansibar.de**

bb) Restaurant Achtern Diek und Restaurant Törn im Dorfhotel

In dieser familienfreundlichen Anlage kann man auch als nicht Hotelgast zwischen dem **A-la-carte-Restaurant Törn** und dem **Buffet-Restaurant Achtern Diek** wählen. Egal wo man sein Essen genießt, die Kleinen können währenddessen im sog. **Leuchtturmzimmer** spielen, welches über eine Wendeltreppe aus dem Restaurant Achtern Diek zu erreichen ist. Dort

warten neben einer netten **Betreuung** u. a. ein Maltisch, eine Rutsche, ein Krabbeltunnel sowie zahlreiches Spielzeug auf die Kleinen. Neben der Hotelanlage befindet sich auch noch ein **öffentlicher Spielplatz**.
Adresse: Hafenstr. 1a.[■] **Öffnungszeiten:** Restaurant Achtern Diek tägl. außer Mo. 7.30-10.30 Uhr, 12.30-14.00 Uhr u. 17.30-21.00 Uhr; Restaurant Törn ab 12.00 Uhr.
Preise: Achtern Diek: Frühstücksbuffet 16,00 €; Abendbuffet einschließlich Tischgetränk (Wein oder Bier sowie alkoholfreie Getränke so viel man möchte) 34,90 €; Kinder bis 6 J. frei; Betreuung im Leuchtturmzimmer inklusive. **Tel.:** 04651-46090. **www.dorfhotel.com**

3. Wenningstedt-Braderup, Kampen und List

a) Wonnemeyer in Wenningstedt

Das „Café del Mar von Sylt" galt lange als Geheimtipp, mittlerweile ist es ein Anziehungspunkt für Junge und Junggebliebene. Bei cooler **Lounge-Musik** kann man es sich nicht nur auf der schönen Terrasse, sondern im Sommer auch in stylischen weißen Lounge-Sesseln direkt am Strand bequem machen und sich an der Strandbar mit Caipis oder kühlem Blonden versorgen. Die Musik hat mittlerweile Kultstatus und kann auch auf diversen CDs mit nach Hause genommen werden. Wenn man vorher noch nicht entspannt war, ist man es jedenfalls hinterher, denn die relaxte Atmosphäre überträgt sich einfach... Im etwas höher gelegenen Restaurant hat man tagsüber wie abends einen grandiosen Meerblick; gekocht wird bevorzugt mit „feinheimischen" regionalen **Bio-Produkten**.

Für Kinder gibt es von Ostern bis Herbst grundsätzlich ein tolles **Piratenboot** aus Holz. Dieses musste zwar 2012 aufgrund der im Winter drohenden Sturmfluten abgebaut werden, soll aber im April 2013 (hoffentlich!) wieder aufgebaut werden.
Adresse: Am Strand Nr. 1 (FKK-Strand Nord). [■] **Öffnungszeiten:** Ab 11.00 Uhr; Winterpause 12.11.-20.12. u. 7.1.-7.2. **Preise:** Von 6,00 € (Currywurst) bis 30,00 € (Meeresfrüchteplatte mit Hummer und Austern); Kindergerichte von 4,00 € (kleine Ofenpizza) bis 7,50 € (kl. Steak mit Kartoffelpüree); Glas Wein ab 5,50 €.
Tel.: 04651-45299. **www.wonnemeyer.com**

b) Circorante im InselCircus in Wenningstedt

Auf dem Gelände des InselCircus in Wenningstedt-Braderup kann man vom 25. Juni bis zum 1. September jeden Jahres nicht nur auf vielfältige Art und Weise in die Welt des Zirkus eintauchen (s. S. 69 ff.), sondern auch familienfreundliche Gastronomie zu erschwinglichen Preisen genießen. In dem „fliegenden Restaurantbau" und auf einer Sonnenterrasse werden Pizza, Pasta, frische regionale Köstlichkeiten sowie – nur abends – ein Familienmenü (Salate, Antipasti, Pasta-Variation, Pizza-Slices, Hauptgericht, Dessert) angeboten. Die Kinder können unterdessen auf dem Karussell oder auf den Hängeschaukeln spielen.
Adresse: Kampener Weg. [■] **Öffnungszeiten:** Mo.-Fr. 12.30-14.00 Uhr und tägl. ab 17.00 Uhr; Fr. ausschließlich Familienmenü. **Preise:** Vorspeisen ab 3,90 €; Hauptgänge von 6,50 € (Spaghetti mit Tomatensauce) bis 19,50 € (Steak vom Weiderind); Familienmenü 16,00 € (Erw.), Kinder 1,00 € pro Lebensjahr; Glas Wein ab 4,00 €.
Tel.: 04651-299399. **www.circus-mignon.de**

c) Sturmhaube in Kampen

Direkt am Roten Kliff gelegen, bietet dieser Gastronomiebetrieb eine attraktive Kombination von verschiedenen Angeboten: Eine **Szenebar** mit Blick auf die Dünen und das Meer, eine großzügige **Terrasse**, ein **Restaurant** und einen **Spielplatz**, der in Erinnerung bleibt: Dort gibt es neben einer Seilbahn, einem Kletterhaus mit Rutsche sowie Schaukeln einen einzigartigen Bobby-Car-Parcour, von dem selbst größere Kinder nicht

genug bekommen können. Und wer seinen Nachwuchs beim Spielen gerne im Auge behält, kann es sich in einem der direkt am Spielplatz platzierten Strandkörbe oder auf der etwas höher gelegenen großen Terrasse gemütlich machen. Das Speiseangebot reicht von bodenständig bis gehoben; tagsüber gibt es günstigere Gerichte, abends kann man sich auch mehrgängige Menüs und/oder Sushi schmecken lassen. Die Kleinen können zwischen fünf Kindergerichten wählen.
Adresse: Riperstig 1. [■] **Öffnungszeiten:** Ab 12.00 Uhr; Küche bis 22.00 Uhr. **Preise:** Tageskarte: Vorspeisen und Suppen ab 9,00 €; Hauptspeisen von 11,00 € (Spaghetti mit Kräutern und Tomaten) bis 26,00 € (gegrillte Rinderfiletscheiben); Abendkarte: Hauptspeisen bis 42,00 € (Filet vom Galloway Ochsen); Kinderteller von 6,00 € (Nudeln) bis 8,50 € (Kalbsschnitzel); Glas Wein ab 8,50 €. **Tel.:** 04651-995940. **www.sturmhaube.de**

d) Vogelkoje in Kampen

Wenn man den Ort Kampen schon längst verlassen hat und auf der Straße Richtung List fährt, kommt bald auf der rechten Seite die Vogelkoje. Dort laden einerseits die historische Vogelkoje (s. S. 59) und andererseits das im Wald gelegene stilvolle Restaurant Vogelkoje zum Verweilen ein. Im Sommer kann man zwischen den Bäumen schon morgens (z. B. das Kojenfrühstück für 30,00 €) und mittags **exquisite Köstlichkeiten** genießen, während sich die Kinder auf dem angrenzenden, im Sommer 2012 errichteten **Spielplatz** vergnügen. Nachmittags wird auch leckerer Kuchen angeboten und abends eine attraktive, aber nicht ganz preiswerte Karte. Abends Reservierung empfohlen.

Adresse: Lister Straße. [■]
Öffnungszeiten: In der Saison ab 9.30 Uhr; Abendkarte ab 18.00 Uhr.
Preise: Tageskarte: Von 9,00 € (Currywurst/Pommes) bis 23,00 € (Wiener Schnitzel); Waffeln ab 5,00 €; Abendkarte: Vorspeisen ab 9,00 €; Hauptgerichte ab 25,00 €; Glas Wein ab 6,00 €. **Tel.:** 04651-95250. **www.vogelkoje.de**

e) L.A. Sylt - Lister Austernperle in List

Was wie Großstadt klingt, ist im Winter bzw. bei Regen ein gemütliches Strandhaus in traumhafter Lage am Lister Watt. Im Sommer kann man auf der schönen Terrasse den tollen Meerblick genießen. Aufgrund der direkten Strandlage können Mama und Papa auch schon mal allein einen Kaffee oder Wein trinken, während sich der Nachwuchs am Strand oder

auf dem kleinen angrenzenden Spielplatz [je eine Nestschaukel, Wippe und Rutsche] vergnügt.

Adresse: Mannemorsumtal 33c [Oststrand List]. [■] **Öffnungszeiten:** Ab 10.30 Uhr. **Preise:** Von 8,50 € [Currywurst/Pommes] bis 26,00 € [Lammlachse, Fischplatte]; Kinderteller ab 5,00 [Spaghetti, Fischstäbchen]; Glas Wein ab 5,00 €. **Tel.:** 04651-2999396.

f] Voigts Alte Backstube in List

In diesem kinderfreundlichen Restaurant gibt es alles, was Kinder mögen: Eine große Auswahl an Pfannkuchen [süß und herzhaft], Pellkartoffeln mit leckeren Beilagen, Waffeln, Windbeutel, Kuchen und Eis. Für die Größeren stehen zusätzlich frische Salate und hausgemachte Eintöpfe zur Auswahl. Die Kinder können vor oder nach dem Essen auf dem hauseigenen Spielplatz mit Klettergerüst und Rutsche spielen.

Adresse: Süderhörn 2. [■] **Öffnungszeiten:** Ab 12.00 Uhr; Nov.-März Mi. geschl. **Preise:** Pfannkuchen von 5,50 € bis 15,00 €; Salate ab 10,00 €; Eintöpfe ab 7,00 €; Waffeln ab 3,00 €; Glas Wein ab 4,00 €.
Tel.: 04651-870512. **www.voigts-sylt.de**

VII. Kinderbetreuung

1. Gruppenbetreuung

a) Villa Kunterbunt in Westerland

In der „Villa“ wird ganzjährig Kinderbetreuung durch qualifizierte Erzieherinnen angeboten. In 2 großen und hellen Räumen finden die Kids alles, was ihr Herz begehrt: Unzähliges Spielzeug, eine große Auswahl an Gemeinschaftsspielen, Bobby-Cars, Maltische etc. In der Zeit von 11.00 bis 14.00 Uhr werden attraktive **Sonderaktionen** angeboten. Dazu zählen z. B. Flughafen, Dschungel-Safari, Lustige Olympiade, Sylt Fanclub, Kleine Piratenschule, Pippis Fanclub, Sylter Dünenhexen-Treff, Geisterstunde in der Villa und Wikinger-Treff. Bei letzterem werden u. a. Geschichten gelesen, Wikingerbärte geschminkt und der Wikingerschlachtruf geübt, für den man gemeinsam ein Schwert mit eigenem Wikinger-Namen bastelt. Am 31. Dezember gibt es zudem eine Silvesterparty mit vielen Überraschungen. **Anmeldung** (spätestens einen Tag vorher bis 12.00 Uhr) **erforderlich.**

Adresse: Obere Strandpromenade (neben der Sylter Welle und dem Spielplatz). [■]

Tipp:

Da die Kinder bei den während der Mittagszeit laufenden Sonderaktionen keine Verpflegung erhalten, empfiehlt es sich, ihnen etwas zu Essen und zu Trinken mitzugeben. Wer mit dem Auto kommt, parkt am besten auf dem Parkplatz in der Dr.-Nicolas-Straße. Von dort führt ein direkter Weg in die Villa Kunterbunt (bitte klingeln). Das Parkticket kann man an einem Schalter im Erdgeschoss des Syltness Centers abstempeln lassen, dann kann man 3 Stunden kostenlos parken.

Alter: 3-13 J. Kosten: 7,00 € (3 Std. Nov.-Mai), 8,00 € (3 Std. Jun.-Okt.); die 3-stündigen Sonderaktionen zwischen 10,00 € und 20,00 € (einschließlich der Betreuungsgebühr).
Öffnungszeiten: Nov.-April Mo.-Fr. 9.30-15.00 Uhr; Mai-Okt. 9.00-17.00 Uhr.
Tel.: 04651-998275. **www.sylt-reisen.de**

b) Confetti Kinderclub in Westerland

Dieser an 365 Tagen im Jahr geöffnete Kinderclub gehört zu dem gegenüber gelegenen Hotel Dorint Strandressort & Spa (s. S. 75). Aber auch externe Kinder sind herzlich willkommen und können an dem **abwechslungsreichen Programm** teilnehmen. Geboten werden z. B. Schmuckworkshops mit Muscheln, Aqua-Fun (nur für Schwimmer), Schokoladenseminar, Kinderbowling, Bogenschießen, Minigolf, lustige Tanzspiele, spannende Schatzsuche, Mini-Cross, Malwettbewerb, Kinderschminken, Ponyreiten, Zuckerwatte herstellen etc. In der Regel werden im Confetti 3 verschiedene Events pro Tag sowie Verpflegung angeboten. Die Angebote sind dabei sowohl einzeln als auch beliebig kombiniert buchbar und teilweise anmeldepflichtig. Den jeweils aktuellen Wochenplan erhält man im Kinderclub.

Adresse: Schützenplatz (neben dem Sylt Aquarium). [■] **Alter**: Ab 3 J. **Kosten**: 6,00 € (1 Std.), 12,00 € (2 Std.) u. s. w. Aktionen und Ausflüge kosten zusätzlich von 6,00 € (z. B. Kreativwerkstatt) bis 15,00 € (z. B. Schokoladenseminar). Auf Wunsch kann auch (mit einer Anmeldung bis 11.30 Uhr) ein Mittagessen für 5,00 € dazugebucht werden; für eine Pauschale von 3,00 € pro Tag können sich die Kleinen zudem so oft sie mögen an der Saftbar bedienen. **Öffnungszeiten**: 10.00-17.00 Uhr, während der Sommerferien 8.00-18.00 Uhr. **Tel.**: 04651-850444.

c) Kamp´ino Kinderclub in Kampen

Während der Hochsaison bietet der Tourismus-Service in seinem Haus in Kampen eine qualifizierte Kinderbetreuung für maximal 20 Kinder an, die grundsätzlich von allen Kindern der Insel, also unabhängig vom Ort der

Unterkunft, in Anspruch genommen werden kann. Geboten werden z. B. **Teenie-Dance** (in den Kult-Clubs Rotes Kliff und Pony), **Pizzabäckerei, Bogenschießen** und **Spaß am Strand**. Das aktuelle Programm wird jeweils in einem Wochenplan dargestellt, der ab Anfang Juni im Web einsehbar ist. Ab diesem Zeitpunkt werden Anmeldungen entgegengenommen; aufgrund der begrenzten Kapazitäten ist eine **frühzeitige Anmeldung zu empfehlen**. Dabei ist es auch möglich, die Kinder nur für einzelne Programmpunkte bzw. halbe Tage etc. anzumelden. Ein Mittagessen wird nicht angeboten. **Adresse:** Hauptstr. 12. [■] **Alter:** Ab 3 J. **Kosten:** 12,00 € (Tageskarte), 50,00 € (Wochenkarte). **Öffnungszeiten:** Sommerferien Mo.-Fr. 10.00-13.00 u. 15.00-17.00 Uhr. **Infos:** Tourismus-Service Kampen (s. S. 16 f.).

2. Einzelbetreuung (Babysitterservices)

Wer sich mal einen schönen Abend ohne Kinder gönnen möchte, kann auf mehrere Babysitterservices zurückgreifen. Nach telefonischer Vereinbarung kommen die Babysitter in Ihr Feriendomizil in jeden Ort der Insel. Die Anbieter treten dabei als Vermittler auf, d. h. konkrete Vereinbarungen (Preis, Zeiten, Ort etc.) werden mit den Babysittern direkt ausgemacht. An **Kosten** fallen durchschnittlich 10,00 € bis 12,00 € pro Std. an. Folgende Organisationen bieten entsprechenden Service an: Agentur Confetti Westerland (s .S. 84 f.), Villa Kunterbunt (s. S. 83 f.), sowie die Tourismus-Services Kampen und Wenningstedt-Braderup (s. S. 16 f.).

VIII. Sonstiges

1. Einkaufen

a) Lebensmittel-, Bio- und Drogeriemärkte

Anders als noch vor einigen Jahren sind mittlerweile auch die großen Discounter auf der Insel vertreten (**Aldi** in Westerland, Keitumer Landstr. 21 und **Lidl** in Tinnum, Kiarway 18, jeweils geöffnet Mo.-Sa. 8.00-20.00 Uhr, in der Saison auch So. 11.00-19.00 Uhr). Für den Großeinkauf eignen sich auch **Famila** oder **Sky** in Westerland (Industrieweg 1 bzw. 13, Öffnungszeiten jeweils wie Aldi und Lidl). Wer weniger auf das Geld schaut und dafür mehr auf exklusive Produkte Wert legt, ist bei **Feinkost Meyer** in Wenningstedt (Osterweg 1, Mo.-Sa. 8.30-19.30 Uhr) gut aufgehoben.
Wenn die Windeln ausgegangen sind oder vor lauter Seeluft der Hunger auf Babygläschen gestiegen ist, findet man bei **Rossmann** in Westerland (Kirchenweg 1, Mo.-Fr. 8.30-20.00 Uhr, Sa. 8.30-18.00 Uhr) und bei **Budnikowski** in Wenningstedt (Osterweg 2, Mo.-Sa. 8.30-19.30 Uhr) das bekannte Angebot.
Eine tolle Auswahl an frischem Obst und Gemüse aus der Region sowie selbst gebackenes Brot und Kuchen in bester **Bio-Qualität** findet man im **Körnerladen** in Braderup, dem nördlichsten Naturkostlanden Deutschlands (M.-T. Buchholz-Stich 8, Mo.-Fr. 9.00-18:30 (Sommer) bzw. bis 17.00 Uhr (Winter), Sa. 9.00-13.00 Uhr). Die getätigten Einkäufe werden auf Wunsch kostenlos ins Feriendomizil geliefert. Auf einer kleinen **Terrasse** des **Cafés Köla** kann man im Sommer auch Kuchen, Brötchen, Kaffee und frische Säfte direkt vor Ort genießen.

b) Spielsachen

Schönes Holzspielzeug gibt es bei **Harlekin** in Westerland (s. S. 16). Eine vergleichsweise große Auswahl an kommerziellem Spielzeug bietet das Technikkaufhaus **H. B. Jensen** in Westerland (Maybachstr. 10, Tel.: 04651-825581).

c) Kindermode

Die größte Auswahl an Kindermoden ist in Westerland zu finden. Dort gibt es z. B. das **Babyhaus Sylt** (Kjeirstr. 17b, Tel.: 04651-8892977), den **Inselkid Shop** (Stephanstr.8, Tel.: 04651-4467977), das **Kiki Outlet** (Strandstr. 33, Tel.: 04651-8891802) sowie das gleichnamige **Outlet Baby- und Kindermoden** (Neue Straße 1, Tel.: 04651-8364164). Im **Rock´n Roll** (Wilhelmstr. 5, Tel.: 04651-886691) gibt es Mode für Babys, Kids, Mamas und Papas. Wer es exklusiv mag, kann in Kampen bei **Donna & Lottchen** (Hauptstr. 2, Tel.: 04651-8362403) und bei **Kiki Baby- und Kinderträume** (Alte Dorfstr. 4, Tel.: 04651-2999767) fündig werden.

2. Ärztliche und therapeutische Versorgung

Die **Kinderärzte** auf der Insel sind Frau Dr. Marlies **Techau** (Kiarwai 1 in Tinnum, Tel.: 04651-3452) sowie die Privatpraxen Dr. Uwe **Steffens** (Osetal 7 in Wenningstedt, Tel.: 04651-446818) und Frau Dr. Kathrin **Klint** (Osetal 7 in Wenningstedt, Tel.: 04651-8897906).
Erfahren und kompetent im Umgang mit Kindern ist zudem die Badeärztin Frau Dr. Anna **Konle**, im Syltness Center in Westerland (Dr.-Nicolas-Str. 3, Tel.: 04651-929792).
Wer auch im Urlaub nicht auf **Ergotherapie** verzichten oder die Ferien für einen „Intensivkurs" nutzen möchte, findet bei Ergotherapie Zimmermann, (Ingewai 3b in Tinnum, Tel.: 04651-8892836) freundliche und kompetente Ansprechpartner.
Unter den Nrn. 0800-1110111 und 0800-1110222 ist von 19.00 bis 24.00 Uhr ein **Sorgentelefon** geschaltet.

3. Kino

In 4 Sälen zeigt die **Kinowelt** in Westerland täglich eine große Auswahl an aktuellen Filmen. Nachmittags gibt es extra Kindervorstellungen. Das aktuelle Programm wird in der Tagespresse veröffentlicht und ist zudem im Kino direkt sowie im Internet zu erfahren.
Adresse: Strandstr. 9. [■] **Preise**: 5,00 € (Erw. bei Kindervorstellung), 4,00 € (Ki.); ab 17.00 Uhr 6,00 € bis 7,50 €.
Tel.: 04651-836220. **www.kinowelt-online.de**

4. Sylt Bücher für Kinder

Für junge Leseratten gibt es mittlerweile zahlreiche Werke, mit denen man schon zu Hause die Vorfreude steigern oder nach dem Urlaub in Erinnerungen schwelgen kann. Für die Kleinen ist das Werk **„Mein Insel-Wimmelbuch"** von Magdalene Hanke-Basfeld mit vielen schönen Wimmel-Bildern zu empfehlen. Seit 2012 ist das Buch **„Meine Sansibar: Bachems Wimmelbilder"** auf dem Markt, in dem schon die Kleinsten auf die Suche nach Stars und Sternchen gehen können und welches selbst erwachsene Sansibar-Fans zum Schmunzeln bringt. Für 3- bis 6-Jährige eignet sich das besonders authentische Werk **„Bärenstarke Ferien auf Sylt"** von Susanne Adam von Haken. Dort kann man zusammen mit der Bärenfamilie viele Highlights der Insel abklappern und einen typischen Sylturlaub nachempfinden.

In dem Buch **„Ein Nilpferd auf Sylt - ein Bilderbuch"** (ab 3 J.) wird von einem auf einer Insel gestrandeten Nilpferd erzählt; die Geschichte hat jedoch wenig mit den Besonderheiten von Sylt zu tun.
5- bis 7-jährige Kinder erfahren in **„Emily und Jimmy: eine Freundschaft auf Sylt"** von Sabine Niemeyer etwas über eine Freundschaft zwischen einem Sylter Mädchen und einer Möwe. Für junge Abenteurer ab 7 Jahren vermittelt **„Seeräuber vor Sylt!: Ein Abenteuer aus der Welt der Nordseepiraten"** von Cornelia Franz einen Eindruck von der Insel im 15. Jahrhundert. Junge Krimifans ab 10 Jahren können in der spannenden Ferienlektüre **„Die Strandräuber: Ein Ferienabenteuer auf Sylt"** von Etel Brüning mit der Protagonistin auf Verbrecherjagd gehen.
Eine gute Auswahl und eine kompetente Beratung erhält man auf der Insel z. B. im Buchhaus **Voss** in Westerland (Friedrichstr. 27, Tel.: 04651-26049) und in der **Büchertruhe** in Keitum (Am Tipkenhog 3, Tel.: 04651- 32447).

List
Kampen
Wenningstedt
Westerland
Tinnum
Keitum
Archsum
Morsum
Rantum
5 km
Hörnum
stepmap.de